W9-BEU-073

LOS ÁNGELES

Ángeles buenos, ángeles malos

LOS ÁNGELES

Ángeles buenos, ángeles malos

JOAN WILHELM

ISBN: 84-9764-424-7
Depósito legal: M-25105-2005

Colección: Enigmas de las ciencias ocultas
Título: Los ángeles. Ángeles buenos, ángeles malos
Autor: Joan Wilhelm
Diseño de cubierta: Juan Manuel Domínguez
Impreso en: Artes Gráficas Cofás

IMPRESO EN ESPAÑA – *PRINTED IN SPAIN*

INTRODUCCIÓN

Seguramente, es cierto que están ahí, a nuestro alrededor, velando por justos y pecadores, pues una misión tan divina no podía excluir a nadie. Durante la niñez su presencia nos ha acompañado en nuestras fantasías y creencias religiosas, y sus representantes en la tierra nos han asegurado que están a nuestro lado para ofrecernos protección contra los demonios y las circunstancias adversas. Teníamos (en la niñez con seguridad, ahora no sabemos) un ángel de la guarda para cada uno, un ser divino que nos cuidaba para que nada malo nos ocurriera.

Los dibujos, más que los sacerdotes, nos lo describían siempre con alas blancas, elemento imprescindible para que pudiesen volar desde el cielo a la tierra velozmente, incluso más que un avión, aunque ahora simplemente se aparecen ante los mortales. Posiblemente no tengan alas, pero tampoco estamos seguros de lo contrario, puesto que los pocos mortales que han tenido el privilegio de verlos no han confirmado esta peculiaridad. Por supuesto, habitualmente son invisibles físicamente, pero su presencia se percibe y sus acciones son puramente terrenales.

La Biblia los ha descrito como el ejército alado de Dios, pues parece imposible que exista un rey sin soldados, y por eso ellos pudieron expulsar del Cielo a ese arcángel a quien no le gustaba obedecer y que decidió convertirse en el Demonio. Esencialmente, un ángel es un ser espiritual que existe en la mayoría de las religiones, y en todas se le atribuye la labor de ayudar al ser supremo en su misión universal y de estar en posesión de facultades increíbles, entre ellas comprender los misterios del universo, volar o materializarse solamente delante de personas específicas.

¿QUÉ SON LOS ÁNGELES?

«Del alba del tiempo nosotros vinimos y bajamos silenciosamente a través de los siglos, ayudando a muchas personas en secreto.»

El interés por los ángeles, por saber sobre su existencia y poder, realmente ha aumentado en los últimos años, aunque no hay disponible mucha más información ahora que antes. Desgraciadamente, algunos autores o supuestos investigadores actuales, en realidad, solamente han estado interesados en destruir las creencias de las personas en ellos, nunca en aportar datos más clarificadores. Ésta es una forma de vender libros muy antigua, tan antigua como el extraño deseo de leer algo sobre lo que, en principio, no se cree. Por eso, para que este nuevo libro sobre los ángeles aportara algo nuevo debería ser objetivo, imparcial, ni a favor ni en contra, pero tratando de rescatar de la literatura antigua todo aquello que se muestre como serio y profundo.

Lo que se observa en seguida es que los datos que se aportan son extraordinarios y las experiencias vividas con estos seres superan la mayoría de las fantasías del ser humano. Si, como sus detractores afirman, todo es falso y generado para dar credibilidad a la existencia de Dios, el

Cielo o la otra vida, habría que considerarla como la fábula más imaginativa de todas.

Aunque la Biblia se refiere a los ángeles de muchas maneras, por ahora consideraremos tres formas de mostrar a los ángeles:

Dios aparece con los ángeles.

Los ángeles son los mensajeros de Dios.

Algunas, o todas las personas, poseen su propio ángel.

Esto lo podemos ver escrito muchas veces en la Biblia, aunque la mayoría de las veces se refieren a ello como «el ángel del Señor». El primer ejemplo ocurre en el Génesis, capítulo 16, donde el ángel del Señor se aparece a su siervo Abraham y no sabemos si se trata del mismo que se menciona en el versículo 7, o si en realidad ahora se trata realmente de Dios. Según la traducción que leamos, lo relacionaremos con Dios o con un ángel, pues la frase del versículo 10, «Yo multiplicaré a tus descendientes», parece obra de Dios, y este dato no es algo aislado, pues lo encontramos repetido frecuentemente. Una explicación sensata es que en realidad Dios y los ángeles es lo mismo, y que emplea esta forma más humana para materializarse delante de las personas, adoptando diferentes nombres para evitar confusiones. La Biblia no apoya plenamente este razonamiento, pues alega que una cosa es que Dios se aparezca como un ángel (ángel de Dios o ángel del Señor), y algo muy diferente que Dios sea un ángel.

La teología del Viejo Testamento incluyó la creencia de que un ángel es un espíritu puro creado por Dios, y el nombre se aplicó a ciertos seres espirituales o inteligencias que residen en el Cielo, y que son empleados por Él como los ministros de Su testamento.

El Corán también habla de sus propios ángeles y los diferencia por jerarquías, aunque cuatro de ellos tienen una importancia esencial en esa religión: Miguel, Gabriel, Israfil e Israil. También tienen a su ángel malvado, en este caso bajo el nombre de Iblis, el responsable del engaño a Adán y Eva.

La creencia en los ángeles proviene del hebreo, pues hace siglos se hablaba de un Malakh, para definir a cualquier mensajero, humano o divino, que llegaba hasta nosotros para asegurarse que estábamos cumpliendo las leyes.

Entre los ángeles más famosos están Zacarías, Ezequiel y Daniel, y todos tienen la facultad de volar, hablar cualquier idioma y predecir el futuro, además de asistir en el pasado a la Virgen María, orientar a Noé sobre el comienzo del diluvio universal y detener la mano de Abraham justo cuando iba a sacrificar a su hijo. También fue un ángel quien expulsó a Adán y Eva cuando decidieron comer aquella manzana tan exquisita, y quien anunció la resurrección de Jesús al tercer día, sin olvidar a aquel otro que estuvo en el desierto con Él cuando era tentado por el demonio.

Lo que parece cierto, aunque nadie lo puede confirmar ahora, es que los ángeles se van a encargar de anunciar el Juicio Final mediante el toque de las trompetas del Apocalipsis, de la destrucción del universo con su inmenso poder, y de llevar a los justos al cielo y a los malvados al infierno.

La clasificación definitiva sobre las jerarquías de los ángeles del cielo ha quedado establecida así, según los escritos de Dionisio, alguien que vivió hace cientos de años:

Los nueve coros de ángeles

- Serafines
- Querubines
- Tronos
- Dominaciones
- Virtudes
- Potestades
- Principados
- Arcángeles
- Ángeles

Primera tríada: serafines, querubines y tronos.
Segunda tríada: dominaciones, virtudes y potestades.
Tercera tríada: principados, arcángeles y ángeles.

Querubines

Los querubines, sabios o maestros celestiales, son igualmente criaturas celestiales aladas, aunque parece que no tienen el aspecto humano de los ángeles. Su misión no es pelear, sino guardar el árbol de la Ciencia del Bien y del Mal en el Jardín del Edén y servir de ilustración a la tapa del Arca de la Alianza, así como ser objeto de adorno en el templo de Salomón. Recogen la sabiduría de los serafines y la distribuyen, delegando el trabajo concreto sobre otros ángeles, los discípulos. También conocemos su misión como acompañantes en el trono de Dios y en su vehículo, el carro alado de fuego. Se les reconoce como seres muy sabios, nada envidiosos, y que son capaces de enseñar a quienes no saben, por lo que la posibilidad de que los humanos admitamos la presencia y el legado de Dios depende esencialmente de ellos.

Para muchos, estos seres celestiales que constantemente están en la presencia de Dios, no parecen tener misión terrenal alguna. Actualmente, la idea que muchos de nosotros tenemos cuando oímos la palabra «querubín», es la de un pequeño regordete de apenas dos años de edad con alas y, aunque tiene una gran semejanza con el hombre, lo cierto es que se le describe con cuatro caras diferentes y dotado de cuatro alas.

Ezequiel los describe como «criaturas vivientes» en el capítulo 1 y como «querubín» en el capítulo 10, pero se refiere al mismo ser. Hay otro tipo llamado Serafín, igualmente descrito así en Isaías capítulo 6, y cuya descripción se parece a la del querubín.

Serafines

Los serafines podrían ser la fuente de luz y calor para Dios, aunque no parecen gozar de un gran prestigio, pues solamente se les menciona en las escrituras en la visión de Isaías, describiéndolos como seres que tienen seis alas y que están situados habitualmente encima del trono de Dios. Su misión parece ser muy poética y las pocas referencias a ellos les mencionan como buenos cantantes, especialmente en loas a Dios. Se les atribuye una gran movilidad en torno al trono divino, generando calor y movimiento a su alrededor, aportando igualmente luz que nunca se apaga, que sirve para ahuyentar la oscuridad.

La palabra deriva de Seraph, que podría ser traducida como «serpiente», «quemar» o «ardiente», aunque también hay quien prefiere como «ruedas de fuego». Si existe una categoría en el Cielo, ellos podrían ocupar la máxima posición, la más próxima al mismísimo Dios, pues es posible que no hayan sido creados a imagen y semejanza de Dios, como nosotros, sino que tengan parte o esencia de Él, como hijos o hermanos. Esta semejanza les lleva a cuidar con esmero la obra de la creación y a que se les considere como los seres más bellos del Cielo y como aquellos que están por encima de las rencillas o problemas más mundanos.

Tronos

Los tronos controlan el orden universal, analizan los resultados y permiten que todo ocurra en el momento y lugar preciso. Son los consejeros personales de Dios, impasibles, serenos y equilibrados, cuya misión celestial es lograr la paz y la calma que el lugar y sus moradores requieren. Al mismo tiempo, ejercen de personas justas, jueces, y libres de toda bajeza o iniquidad logran dar la máxima categoría de bondad y pureza al Cielo. También controlan el tiempo y el espacio para conseguir que cada cosa ocurra en el momento adecuado.

Dominaciones

Las dominaciones conocen perfectamente la obra de la creación y por ello delimitan el lugar en el cual se van a desarrollar los acontecimientos y crean leyes dinámicas y físicas para que ello pueda ser posible. Con ellos todo el universo está perfectamente sincronizado y en plena actividad.

Virtudes

Las virtudes materializan los deseos divinos y darán la forma, el color y el olor adecuado a cada cosa, y cuando esto sea así es cuando la incorporan al universo. Antes formaban parte de esa dimensión desconocida que no es el Cielo ni la Tierra y que espera su momento para manifestarse.

Potestades

Las potestades proporcionan la energía a todos los seres vivos, eso que se menciona como el aura individual, y delimitan el tiempo que dispondrán de ella. A los elementos más sutiles, etéreos, les infundirán una energía especial «karma» o «Prana» para que puedan manifestarse y efectuar su misión.

Arcángeles

Los arcángeles son los oficiales del Cielo, los jefes del ejército de Dios, pero quien tiene la autoridad suprema es Miguel, aunque no podemos olvidar a sus lugartenientes Gabriel, Rafael y Uriel. Esos cuatro dirigentes son los encargados de organizar el Apocalipsis, la batalla cósmica final entre las fuerzas del mal y del bien, justo en las montañas de Armagedón, un lugar que también es mencionado como Megiddo.

Arcángel Miguel

Se le conoce más universalmente como San Miguel Arcángel y parece ser el encargado de luchar contra las fuerzas del Mal. Es el mejor protector del ser humano contra los elementos perturbadores y por eso es frecuente que encontremos su esfinge representativa en numerosos portales y lugares de acceso a las casas. Tan importante es para los humanos que se trata de uno de los pocos ángeles privilegiados que disponen de iglesias destinadas en exclusiva y hasta de oraciones elaboradas expresamente para llamarle y pedirle ayuda. Esto es especialmente intenso en numerosas sinagogas, en donde podemos verle vistiendo una coraza y llevando en su mano una espada con la cual suele matar, sin distinción, a demonios o dragones. Su espada es algo especial, pues es capaz de atravesar sin problemas cualquier armadura metálica, proporcionar una luz intensa si hay oscuridad y hasta flamear para arrojar a los incrédulos e impíos de cualquier lugar.

Por tanto, si su problema es de un adversario muy poderoso o una bestia maligna, le puede invocar pues seguro que le ayudará, lo mismo que suele ayudar a los soldados cuando van a pelear.

En la antigüedad fue adorado intensamente por el emperador Constantino y hasta por Nerón, quien antes de morir se convirtió sin problemas al cristianismo porque vio aparecer en el cielo al Arcángel Miguel portando su espada llameante.

Si quieren pedirle algo de manera más directa, casi en vivo, deberán dirigirse al Monte Sant'Angelo, en el Gargano, una gruta muy visitada por los peregrinos, o también a la Sant'Angelo Fasanella, cerca de Salerno, también en Italia. Si les gusta algo más fastuoso les encantará la gran basílica en su honor que existe en Lyón, Francia.

¿Es Jesucristo el Arcángel Miguel?

Es obvio que si los ángeles deben rendir culto a Jesucristo se debe a que no es un ángel, aunque hay quienes insisten en que Jesús y el Arcángel Miguel son el mismo ser.

Arcángel Rafael

Se le atribuye la facultad de curar a los enfermos de cuerpo y alma, y por eso se le suele ver con frecuencia adornando signos botánicos o alópatas. Parece ser que tuvimos constancia de él por primera vez cuando se le apareció a Tobías y ambos se marcharon a Media, con el fin de reclamar un dinero que le debían a su padre. Allí Tobías aprendió todo lo necesario para curar la ceguera de su padre y aprovechó para practicar exorcismos y conjuros para ahuyentar los demonios, algo que ensayó primeramente con su esposa.

Las medicinas que empleó desde entonces para curar a los enfermos están elaboradas de hiel, corazón e hígado de pez, siendo empleadas o bien directamente sobre la parte afectada o diciendo simultáneamente conjuros. Por eso Rafael es considerado el médico celestial y la musa de todos los médicos que tienen delante un paciente enfermo, aunque sus enseñanzas recomiendan que para ser un buen médico es imprescindible humildad y pobreza, algo en lo que no parecen estar de acuerdo la mayoría de los galenos.

Arcángel Gabriel

Se le considera el relaciones públicas del Cielo, el anunciador de mensajes y divulgador, en suma, de la palabra divina. Su papel de embajador le hace adecuado para anunciar nacimientos de niños especiales, entre ellos Jesús, aunque la mitología y las leyendas reconocen otras muchas presencias suyas en mujeres embarazadas.

El problema es que en muchas ocasiones anuncia la maternidad en mujeres que ni siquiera han yacido con varón, como es el caso de María, y en otras que son estériles, como fue el caso de Sara, la esposa de Abraham. También le anuncia la buena nueva a Zacarías, el marido de una tal Isabel, a su vez prima de María, quien también era estéril, pero ante su incredulidad le deja mudo hasta que nace su hijo.

Otras acciones reconocidas a Gabriel son cuando detiene la mano de Abraham en el momento en que va a matar a su hijo Isaac por mandato divino; cuando hace brotar agua en pleno desierto para dar de beber a Ismael y por supuesto, la más importante, cuando dice a José que huya rápidamente, pues Herodes quiere matar al niño.

Arcángel Uriel

De los cuatro arcángeles mayores, Uriel es el menos conocido o del que menos se ha escrito. Esto puede atribuirse a dos causas: porque Uriel es un arcángel que en los primeros textos judíos era denominado como Phanuel, o porque tiene una vibración que pocos humanos entienden de verdad.

Uriel es hebreo y se le considera el guardián del Oeste, de las emociones y el corazón. La leyenda nos dice que ese Uriel estaba de pie en la verja del Edén Perdido con una espada ardiente, vigilando la marcha para siempre de Adán y Eva. Uriel le recuerda a la Humanidad en ese momento que debe amar a Dios y lo exige mostrando el «fuego de Dios», la espada ardiente.

Otros describen a Uriel como el arcángel de salvación, el que nos enseña el camino del corazón, el fuego del amor puro. También nos aseguran que trajo a la Tierra la alquimia, el arcano celestial, y que advirtió a Noé del diluvio. El otro atributo de Uriel es la Venganza Divina y el Juicio Final, advirtiendo que hay que escuchar las palabras de Dios para no perecer eternamente.

Un arzobispo llamado Adalberto de Magdeburgo fue acusado de hacer magia y convocar a Uriel y con su colaboración ocasionar diversos fenómenos. Suspendido de su ministerio por el Papa Zacarías, se le acusó igualmente de convocar a un total de siete espíritus de procedencia dudosa. Algunos religiosos iban aún más allá en su denuncia, y le acusaron de convocar nada menos que al demonio, puesto que, según ellos, las Sagradas Escrituras solamente hablaban de tres ángeles.

Afortunadamente, y casi a punto de ser condenado a la hoguera, otros teólogos más serenos explicaron que en realidad Uriel existía, pero por partida doble. Uno era el ángel que había acompañado a Adán antes y después de su caída y el otro un espíritu maligno que pugnaba por hacer el mal si le dejaban. Como colofón a estas declaraciones se construyó un templo dedicado a los Siete ángeles, aunque años después al cardenal Albicio no le gustó esa idea y mandó borrar los nombres que describían las pinturas. También fue borrada toda mención a Uriel en los textos eclesiásticos y tuvo que ser el Papa León XII quien restaurara nuevamente su culto en el siglo XIX.

Ángeles

Son los más abundantes, las legiones como las denominaba Jesús, y están divididos a su vez en dos grupos: los constructores y los custodios. Los primeros controlan todo lo referente al espíritu, el éter y los cuatro elementos básicos de la vida, mientras que los segundos se ocupan del ser humano y de la naturaleza.

¿Hombres o mujeres?

Muchas pinturas muestran a los ángeles como mujeres bonitas con alas, llevando vestidos fluidos y esa definición se puede leer en Zacarías capítulo 5, versículo 9, en donde los describe como seres hembras con alas. La confusión surge porque estos seres no se identifican como ángeles, aunque pudieran serlo. Todo el resto de las referencias a los ángeles en la Biblia (cientos de ellas), describen a los ángeles como «hombres hermosos» o seres con «forma humana». De todas formas, si admitimos que la descripción del querubín es cierta, tenemos que ampliar nuestro concepto de «forma humana», especialmente si consideramos que todos, ángeles y hombres, estamos hechos a imagen de Dios.

Aunque nosotros no entraríamos en un debate sobre este punto, los ángeles parecen ser «la creación» misma, así como las criaturas vivientes aquí en la Tierra son «una creación». De esta manera, los ángeles pueden tener apariencias diferentes a las nuestras, como por ejemplo un león o un águila.

¿Era Jesús un ángel?

Algunas personas han llegado a creer que Jesús era en realidad un «ángel avanzado», algo así como una versión bondadosa de Satanás, creencia que ha estado circulando casi desde su muerte terrenal, especialmente en unos textos hebreos del año 68 d.C. Sin embargo, otros textos de años posteriores demuestran lo contrario, como por ejemplo:

1. Dios habló en varias ocasiones y de varias maneras a los profetas.
2. En algunas se refirió a Su Hijo, a quien Él había fijado como heredero de todas las cosas.
3. Dijo que era el brillo de Su gloria y la imagen expresa de Su persona, y que había sido enviado a la Tierra para purgar nuestros pecados y que estaba sentado a su derecha en el Cielo.

4. Cuando hizo a los ángeles les dijo:
   «Este es Mi Hijo.»
   «Hoy Yo lo he engendrado.»
5. Y de nuevo:
   «Yo seré para Él un Padre,
   y Él será para mí un Hijo.»
6. Cuando Él trae el primogénito al mundo, dice:
   «Permítase que todos los ángeles de Dios le den
   culto a Él.»

Khamael

Es el guerrero del Cielo junto con Miguel, y por ello
mano derecha de Dios, tanto para pelear como para impar-
tir justicia y castigos. Inflexible en su misión, analiza todas
nuestras acciones, pasadas y presentes, organizando nuestro karma en un inmenso archivo que servirá de prueba en
el momento del Juicio Final.

Khamael es fuerte y posee gran valor, siendo un
experto en incendios, explosiones y armas, imbuyendo
voluntad a las personas valerosas y apoyando a los dirigentes de las naciones.

Sachiel

Posiblemente se trata de uno de los ángeles más antiguos y tiene como misión proporcionar riquezas, bienestar,
poderío, prestigio y, en ocasiones, dinero. Aunque la religión insiste en la necesidad de ser pobre, de espíritu y bienes, para conseguir agradar a Dios, lo cierto es que esto es
una exigencia divulgada por Jesús, pero no admitida por
los creyentes. La necesidad de poseer ciertas riquezas
materiales, con las cuales poder llevar una vida digna y

relativamente feliz, se plasma en las plegarias y oraciones, la mayoría dirigidas a pedir a las divinidades que le otorguen más bienestar económico.

Aunque la posesión de riquezas pudiera ser un elemento perjudicial para evolucionar espiritualmente, también se considera que el pobre está pagando algún karma anterior, por lo que suplicar a los ángeles para que le ayuden a conseguir dinero es trabajo inútil.

Por tanto, quienes deseen más riquezas deberán implorar a este ángel, lo mismo que quienes deseen más salud o energía, pues el bienestar forma parte del instinto de supervivencia.

Cassiel

Para algunos, este ángel es en realidad uno de los antiguos dioses, aquellos que poblaban el cosmos antes de la llegada del hombre. Su misión está ligada a los ancianos y a aquellas personas que ya han realizado la misión encomendada en sus vidas. Pertenece al mundo de los trabajadores esforzados, a los mineros, sepultureros y obreros manuales, y le vemos presente igualmente en los cementerios.

Asariel

Competidor directo del dios Neptuno, este ángel protege a los marineros y a cuantos cruzan los mares. También es compañero de los habitantes de las costas y suele ayudar con su presencia psíquica a los que poseen clarividencia o capacidad para entender el más allá. Pudiera ser que los profetas hubieran estado inspirados en este ángel, lo mismo que los primeros cristianos, aquellos que tenían el signo de piscis como su emblema.

Azrael

Está ligado con los muertos, con los espíritus y las almas que aún no han encontrado su destino. Se encuentra siempre presente en el momento del fallecimiento de las personas, pues les deberá guiar hacia la luz divina. Por ello es lógico que le veamos representado en multitud de cuadros que muestran a las personas fallecidas, lo mismo que a la cabecera de la cama en el momento de expirar.

Entidad difícil de contactar, pues prácticamente no tiene misión alguna con los mortales, pudiera ser, no obstante, el enlace entre las dos vidas, facilitando la comunicación con el más allá entre las personas que gustan de realizar las prácticas esotéricas.

Azrael parece ser que realiza fugaces apariciones, justo unos segundos antes de fallecer, aunque siempre deja que los enfermos perciban su presencia para que se sientan tranquilos y no tengan temor por morir. Del mismo modo, si la reencarnación es una gran verdad, sería el ángel encargado de realizar el intercambio entre un cuerpo y otro, así como de controlar el periodo de espera entre las distintas reencarnaciones.

Ángeles islámicos

También el Corán habla reiteradamente de los ángeles, nuevamente unos seres celestiales que viven en un paraíso o mundo divino. Posee igualmente numerosos ángeles que son descritos someramente en sus páginas, aunque hay cuatro de especial significado y poder:

- *Jibril o Gabriel*, quien proporcionó el Corán a los humanos.

- *Israfil*, el encargado de llamar con su trompeta a las almas para congregarlas en el Juicio Final.
- *Israil*, portador del mensaje de muerte.
- *Mikal o Miguel*, mensajero e intermediario entre la divinidad y los hombres.
- *Iblis*, el ángel perverso que, al igual que Satanás, se rebeló contra Dios y no quiso rendir pleitesía a Adán y Eva en el Jardín del Edén. Está condenado por ello al Infierno.

  El Corán nos lo describe como el causante de la desgracia del ser humano, cuando consiguió que Adán y Eva fueran expulsados del Paraíso, aunque en este caso la culpa recae exclusivamente sobre él y no sobre los hombres que no arrastran ningún pecado original. Iblis es un jinn, un ángel que ahora es el encargado de dirigir el Infierno hasta el día del Juicio Final, lugar que de algún modo es obra de Dios, pues debe existir un sitio para que los pecadores paguen sus culpas. Por eso, al final de los tiempos es posible que el Diablo haya pagado ya su culpa y retorne al Cielo junto a Dios. De cualquier manera, mientras esto ocurre, su misión es tentar y equivocar a los seres humanos para apartarlos de Dios y llevárselos con él al Infierno. Uno de sus equívocos es convencer a las personas sobre la divinidad de Mahoma y de Alá, aunque los textos del Shahadah lo dejan bien claro: no hay más Dios que Alá y Mahoma es su mensajero.

Estos ángeles y arcángeles están próximos a Dios y disponen de privilegios y poderes superiores a los seres humanos, pero su categoría celestial es inferior a los profetas, enviados directamente por Dios para comunicar a la Humanidad sus mandatos. Tampoco pueden llegar a conocer o gozar de Dios como lo conseguirán aquellas personas que cumplan sus leyes divinas.

Pudiera ser que su nacimiento ocurriera en el segundo día de la creación, cuando Dios separó las aguas y creó los continentes, aunque otros escritos nos aseguran que fue en el quinto día, en el momento en que se crearon los pájaros, lo que justificaría su aspecto alado.

Otros textos místicos, como es el caso del Zend Avesta, nos hablan igualmente de unos seres con forma humana pero dotados de alas, que ayudan a Dios, aunque solamente describen a ocho. Es posible que sean los mismos que en otro capítulo de este libro describimos como «los inmortales» y que son:

ASHA

Aunque se le representa como rodeado por el fuego, en realidad otorga los valores morales a los humanos y controla el orden universal, evitando el caos.

VOHU MANAH

Protege la vida animal, algo que suele estar olvidado en la Biblia, estableciendo una sensible diferencia entre ambos libros sagrados. Los animales serían, pues, tan dignos de respeto como el ser humano y posiblemente alcancen también un paraíso.

AMERETAT

Nos asegura la inmortalidad del alma, pero mientras esto ocurre se ocupa de la vida vegetal pues, a fin de cuentas, son obra igualmente del Creador.

ARMAITI

Se ocupa de controlar la agresividad de todos los seres vivos, evitando que siempre el más grande o fuerte se coma al chico.

HAURVATAT

Las aguas son su reino, lo mismo que las nubes, pues de su pureza y cantidad depende la vida de todos los seres vivientes.

KSHATRA

Controla el elemento metal, además de las piedras preciosas, como soporte adecuado para glorificar al creador en los templos religiosos.

FRAVASHI

Es el equivalente a nuestro ángel de la Guarda, aunque no sabemos si también protege igualmente al resto de los seres vivos, animales, plantas y minerales.

YAZATA

Es la máxima autoridad en el Paraíso y su misión es controlar al resto de los ángeles y criaturas celestiales.

Los ángeles islámicos conservan otras peculiaridades y se dice que la repetición continuada de sus nombres produce bienestar en quien los pronuncia. No obstante, dejan bien clara la advertencia de que el nombre de Alá nunca debe ser escrito ni sobre papel ni metal y solamente puede ser representado mediante símbolos. No obstante, admiten que pueda ser representado por letras de otro idioma, pues ello le quita toda su fuerza y poder mágico.

Ángeles judíos

Fundidos estrechamente con los cristianos, el judaísmo tradicional nos habla de ellos desde la época del segundo Templo, en los años 515 a.C. al 70 d.C. Aseguran que cuidan y protegen a las personas fieles que cumplen las leyes divinas, no aportando ayuda por tanto a los malvados o infieles. Igualmente, algunos de estos ángeles desobedecieron a Dios y ahora están excluidos de sus beneficios eternos.

Aunque las referencias a ellos no son abundantes y se les confunde, deliberadamente o por error, con los Malakh, los mensajeros o profetas, salvo el Pentateuco ningún texto aporta datos clarificadores, especialmente el Misná, en donde incluso se discute su naturaleza y función.

Entre los mencionados destacan, no obstante, Ezequiel, Zacarías y Daniel, y cuatro arcángeles únicos: Rafael, Gabriel, Miguel y Uriel, todos ellos formados entre el segundo y el quinto día de la creación. Pueden predecir el futuro, volar silenciosamente, mover objetos y hablar cualquier idioma, aunque el hebreo es el habitual.

Quienes les han visto dicen que de su cuerpo emana una intensa luz, que poseen inteligencia suprema y que adoptan cualquier forma, humana o animal.

Ángeles bíblicos

Aunque éstos son los analizados con detenimiento en este libro, este pequeño resumen puede proporcionar las diferencias con los otros ángeles anteriormente descritos.

Los *angelos* («mensajeros» en griego) son también mensajeros divinos y cada uno posee igualmente una misión bien diferenciada, especialmente la de comunicar a los hombres los designios de Dios, aunque también los hay protectores. Todos ellos forman parte de una cantidad incontable e imprecisa de seres que habitan el Cielo, dedicados simultáneamente a adorarle y alabarle, términos confusos que podríamos cambiar por servirle.

Ya sabemos que la Biblia nos relata multitud de apariciones angélicas, pero las más importantes son las relacionadas con el nacimiento, vida y resurrección de Cristo, no estando tan claras las ayudas que le proporcionaron durante las tentaciones en el desierto, la agonía en Getsemaní, ni durante la crucifixión.

Aunque sin dar muchos detalles, la Biblia nos habla de los ángeles guardianes, seres dedicados a cuidar de las personas, especialmente de los niños, y que gustan de aparecerse a los adultos en los sueños para enviarle mensajes y advertencias de peligros futuros.

Indudablemente son inferiores en poder y categoría al propio Jesús y están organizados por jerarquías, siendo su líder el arcángel Miguel.

LOS PRIMEROS ÁNGELES

Los albores

Según la doctrina gnóstica, relacionada con la concepción dualista de la divinidad, ésta puede estar constituida por un dios doble o por dos dioses iguales, uno de los cuales es el creador del bien y otro el del mal, y ambos están enzarzados en una lucha perpetua. Si esto es así, el origen del mal podría ser el mismo Dios, el Creador de todas las cosas, y por tanto abría que admitir igualmente que Dios sería también malo, o que el bien puede engendrar el mal.

Como parece una incongruencia que un ser perfecto pueda crear el mal (si ello lo consideramos como un error), quiere decir que hay una parte de la realidad que fue creada por otro Creador o que necesariamente ha tenido que haber seres díscolos y desobedientes a su alrededor. El gnosticismo incorporó a sus doctrinas parte de la filosofía de los antiguos cultos de Osiris y de Hermes Trismegisto, además de utilizar mucho del prestigio de Pitágoras para justificar sus afirmaciones y prácticas.

En diversos períodos surgieron disconformes con los dogmas cristianos, como es el caso de los cátaros, movimiento religioso medieval que se distinguía por una extremada sencillez y pureza en sus costumbres. Lógicamente, fueron masacrados por la Iglesia católica, y la defensa heroica del conde Raimundo VI de Tolosa constituyó el último baluarte de esta pacífica secta.

Esta organización religiosa tenía su origen en la tradición neo-platónica, floreciente en otra época en Egipto y Asia Menor, desde el 250 a.C. hasta el 400 d.C. Se decía que estaban iluminados por seres celestiales, posiblemente ángeles, y por tanto su palabra era dogma lo mismo que su facultad para la adivinación. Con ellos se adoraba a multitud de dioses, incluso mezcla de varias religiones, y era normal adorar conjuntamente a Yahvé, Adonai, Miguel, Osiris y Sabaoth, algo que para los creyentes en un solo dios suponía una herejía y una idolatría.

Pero con ellos se refuerza la presencia de los ángeles, especialmente de Miguel, Gabriel, Rafael, Uriel, Ananael y Sogriel, entre otros; algunos de ellos muy conocidos ahora y otros cuyos nombres estaban escritos, dicen, en clave o jeroglífico en los textos sagrados. Pronto se dieron cuenta que un dios todopoderoso no puede carecer de ejército (lo que resulta una incongruencia en alguien omnipotente), y nos aseguraron que allí en el Cielo había legiones de ángeles y espíritus, además de existir graduaciones «militares» como en cualquier ejército que se precie.

Había legiones invisibles, visibles y mágicas, todas bajo el mando de alguien más sabio y cualificado que los demás, así como existían los malignos, pues ya quedaba claro que todo en el universo debía tener dos polos opuestos. Nadie sabe cuál era el número concreto de estas legiones, pero como el término infinito es imposible de asimilar por los humanos, se puso como ejemplo que cuando Moisés recibió las tablas de la ley había al menos sesenta miríadas de ángeles, lo que nuevamente nos deja en la duda, pues este término se emplea cuando queremos hablar de un número infinito.

Más adelante

Ya sabemos la gran cantidad de mensajes que se describen en el Viejo y Nuevo Testamento, algunos referentes a Jesús y muchos sobre la liberación del pueblo de Israel. Hay quien asegura que con el paso de los años estos ángeles, siempre los mismos, pues no se reproducen, han ganado experiencia y por eso ahora sus apariciones son cada vez menos espectaculares y menos públicas.

Una vez concluidas las apariciones marianas, surgió cierto desconsuelo por los ángeles, pues no parecían tener ya misión profética que realizar, ni mucho menos anunciar la venida de un mesías o redentor, ni hablar de nuevas virginidades. Con el progreso científico del hombre había ciertas cuestiones que ya no encajaban y por ello la figura del ángel hubiera desaparecido si no hubiera sido por la imagen del ángel de la guarda.

Ahora ya sabemos que todos los humanos disponíamos de un ángel guardián que nos protegía desde pequeño, pero que a causa de nuestra incredulidad de adultos este ser permanecía al margen sin ayudarnos. Hay quien asegura que la mayor parte de los ángeles custodios están ahora alejados de la tierra, pues la maldad de las personas les mantiene apartados de su misión divina. Solamente permanecen junto a nosotros en nuestra niñez, pero siempre que las creencias ateas de los padres no lo impidan. Si al niño nadie le habla de un ángel de la guarda, pocas posibilidades tiene ese ente para estar a su lado; es difícil acudir en auxilio de quien no llama.

El problema es que el ser humano está libre durante toda su existencia, al menos en cuanto a sus creencias religiosas y pensamientos, y por ello la responsabilidad de sus actos recae sobre él. Los ángeles, sin embargo, tienen una misión concreta: cuidar de los hombres, pero solamente la pueden ejercer si les pedimos ayuda. No obstante, todavía les queda otra misión aún más importante, como es la de proteger a la Humanidad del influjo y poder del diablo. De no ser así, la suprema obra de Dios estaría condenada a permanecer por toda la eternidad en el Infierno.

Otro problema surge con la dificultad para mantener una creencia en un mundo en el cual la burla hacia todo lo que no vemos es habitual. Confesarse ahora creyente en los ángeles supone estar incluido en la lista de los ignorantes, los cretinos y los ilusos, pues todo lo que está al margen de la ciencia es objeto de burla. Admitámoslo, un adulto que se confiese creyente en los ángeles y que diga que él tiene un ángel guardián que le protege, está expuesto a recibir una paliza de alguien que le reta a que ese ángel venga en su defensa.

Razonablemente, existen

El ser humano ha presentido desde los albores de su existencia que no está solo en el universo, y por ello la imagen de Dios permanece sólidamente anclada a pesar de sus detractores. Las iglesias y lugares para adorarle siguen presente y los creyentes no disminuyen en ningún lugar del mundo. Quizá ello se debe a que hay también otro presentimiento que nos acompaña y es la sensación de que alguien nos cuida, alguien que no es tan lejano como Dios, tan ocupado que resulta imposible que se preocupe de alguna hormiga humana.

Los ángeles, su presencia, es asumida por millones de personas del mundo entero, aunque algunos los llamen espíritus, destino o suerte. Ese factor que hace que cosas imposibles o difíciles se logren sin una explicación racional, pudiera englobarse perfectamente si admitiéramos la creencia en los ángeles.

En los hospitales hay ángeles sanadores que realizan curaciones que escapan a la lógica, así como también se materializan delante de los moribundos para acompañarles en el paso entre la vida y la muerte. También son ángeles los que nos evitan ese accidente que parecía inevitable o que nos mantienen con vida debajo de toneladas de escombros.

Los niños, por supuesto, son los más protegidos, y de no ser así la mortalidad infantil sería mucho más alta, pues la mayoría de los días su inexperiencia les pone en situaciones trágicas y mortales. Hasta los más incrédulos, cuando recogen a un niño que ha caído de un cuarto piso y que se encuentra sano y salvo, aunque asustado, comentan que ha sido un milagro y como estos asuntos son obra divina no queda más remedio que reconocer que su ángel guardián le ha salvado.

Medio en broma, medio en serio, las personas empleamos la palabra ángel cotidianamente, como cuando decimos: «¡angelito...!», refiriéndonos a una persona sin maldad; «¡ángel mío!», si queremos expresar el sentimiento de amor perfecto, o «¡es un ángel!», cuando hablamos de una persona buena hasta aburrir. De igual modo, el cine y los anuncios publicitarios hablan con cierto respeto de los ángeles y mantienen viva su imagen, siempre con alas y vestidos de blanco, al mismo tiempo que nos recuerdan que el ángel malo, Satanás, está alrededor de nosotros como antes lo estuviera en épocas bíblicas. Si nadie cree en ellos, tal como sus detractores insisten, ¿a qué viene tanta insistencia en los medios de comunicación?

El regreso

Ya hemos dicho que ahora no se materializan, al menos con su presencia habitual tan inmaculada, pues prefieren hacerlo bajo apariencia humana y desaparecer inmediatamente para no dar lugar a situaciones extrañas. Quienes afirman haberles visto los describen como una persona, generalmente un varón, que nos avisa o nos acompaña en momentos claves de la vida, y que desaparece cuando su ayuda ha surtido efecto.

Algunas sectas nos hablan de la Nueva Era, pero hay una controversia en este asunto, pues para unos ya estamos en ella, mientras que para otros aún está por venir. Si la Nueva Era ya ha comenzado, los inicios están justo hace dos mil años, cuando nació Jesucristo, lo que explicaría las múltiples apariciones angélicas. Después habrá un período de latencia hasta la llegada del Anticristo, que es cuando las legiones de ángeles retornarán y mantendrán separados a los impíos de los sanos de espíritu.

En este momento su poder habrá aumentado y se manifestarán de maneras diversas, con sonidos y luces, pudiendo establecer contacto igualmente con animales y plantas, pues todos los seres vivos se demostrará que son una misma cosa: la obra del Creador. Durante algunos años la Humanidad tendrá pocas enfermedades y alcanzará más sabiduría y efectividad, llegando a ser la Tierra algo así como el primitivo Paraíso Terrenal. Será una segunda prueba que Dios pondrá a los hombres antes del Juicio Final para saber si han aprendido la lección. Como instructores divinos estarán los Devas violetas, un grupo especialmente sabio que instruirá a los humanos, no solamente en las facetas puramente sociales o sentimentales, sino en aquellas que nos permiten contactar con el más allá y comprender, por fin, el motivo de nuestra existencia.

Y así, con los hombres cada vez menos apegados a las cosas materiales, la Humanidad logrará concentrarse más en el pensamiento y en su alma, teniendo una gran oportunidad para alcanzar el Paraíso Perdido. Paralelamente el hombre aprenderá secretos científicos hasta entonces desconocidos, como desplazarse en cuestión de segundos a cualquier lugar del espacio, viajar por el tiempo, efectuar la telequinesis y comunicarse con el pensamiento. La gravedad estará ya dominada a voluntad, el sueño será considerado como un paseo diario por otros mundos imposibles de explorar en estado consciente y se abandonará la práctica de matar animales por diversión, placer o nutrición. La naturaleza, y con ella todos los seres vivos, adquirirá los mismos derechos que los humanos y nos daremos cuenta de que no hay especies mejores ni más evolucionadas, con lo cual el señor Darwin pasará a ocupar un puesto en el pelotón de los equivocados.

No hay, pues, un presagio apocalíptico de la Humanidad en un futuro lejano, especialmente cuando el dominio del cosmos sea tan fácil como lo es ahora el del campo o el mar. La obra divina de haber construido al hombre a imagen y semejanza de Dios será cada vez más visible, aunque ello no excluirá que nuevas masas de rebeldes o personas maléficas renieguen, nuevamente, de Dios y sus leyes, y peleen con las legiones de ángeles celestiales. Esta vez, sin embargo, el Juicio Final estará más cerca y con ello el final del mundo material.

UNA MISIÓN CELESTIAL

Como vemos, todo en el Cielo está perfectamente estructurado y es difícil que en la actualidad algún nuevo espíritu díscolo sea capaz de perturbar la paz allí reinante, algo imprescindible cuando lleguen los millones de seres humanos que están esperando entrar por méritos propios.

Si usted es creyente en Dios por fuerza tendrá que creer en los ángeles y en la divinidad de Jesucristo, por lo que no le será difícil contactar con su propio ángel de la guarda. Solamente dispondrá del suyo si piensa en él, si le llama, le consulta y, especialmente, si está convencido de que está a su lado. Lo mismo que luego veremos con otras creencias, concretamente con los espíritus, los ángeles solamente se aparecen cuando la persona que les convoca cree sin dudar en ellos.

Si usted necesita dibujarles en su mente con alas y vistiendo una túnica blanca hasta los pies, con rostro de mujer aunque con cuerpo de varón, siga haciéndolo pues a ellos les resulta fácil adoptar cualquier forma que les pueda identificar cuando se materializan.

Cuando deciden aparecer visualmente ante nosotros han sido descritos como un ser humano sencillo, como es el caso de aquel que se apareció a Abraham y con el cual compartieron una comida basada en tortas de harina y

leche fresca. También comió con los humanos el arcángel
Rafael cuando estuvo con Tobías, aunque luego aseguró
que era mentira, pues había simulado comer.

Más hermosos que ningunos fueron los ángeles que se
aparecieron a Lot para indicarle que tenía que salir de Sodoma
y Gomorra, pues iba a ser destruida por la ira de Dios. Eran
tan bellos que recibieron propuestas sexuales de sus habitantes.

Los mensajeros de Dios para las personas

Éste es el propósito normalmente admitido en la Biblia
sobre los ángeles, y aunque Dios a veces se comunicó personalmente con las personas, normalmente lo hizo a través
de un ángel. A veces el texto de la Biblia nos dice el nombre del ángel, como ocurrió por tres veces cuando el
Arcángel Gabriel visitó a Daniel, Zacarías y María.

Uno de los encuentros más interesantes con ángeles se
describe en los capítulos 10-12 del libro de Daniel. Aquí,
el ángel es descrito como un «hombre vestido de lino» y
aunque Daniel no se atemorizó cuando el ángel apareció
frente a él, los hombres que le acompañaban huyeron con
terror del lugar. El mensaje que este ángel tenía para
Daniel era una revelación sobre el futuro y, aunque ahora
es difícil interpretarla (lo mismo que ya sucedió en la antigüedad), lo que pasó en ese encuentro nos da alguna visión
sobre lo que los ángeles desean de nosotros. La descripción
que el relato hace de este hombre vestido con ropaje de
lino, con la cara similar a un relámpago y ambos ojos como
antorchas de fuego, tiene, no obstante, ciertas formas similares a un hombre normal. Por consiguiente, este tipo de
ángel (lo mismo que otros que se describen después) nos

proporciona una idea sobre el aspecto de Dios, puesto que nos han dicho que todos estamos hechos a imagen y semejanza de Dios (Génesis 1:26).

Un segundo rasgo interesante de este encuentro es el hecho de que el ángel pudiera flotar en el aire, incluso a cierta altura, algo repetido frecuentemente en la Biblia que describe cómo los ángeles no obedecen la ley de la gravedad. El ejemplo más llamativo se describe dos veces en el libro de Ezequiel con dos tipos diferentes de ángeles (Capítulos 1 y 10).

El ángel que habla con Daniel (Daniel, capítulos 10-12) se refiere tres veces a Miguel, al que llama «uno de los príncipes principales» (Daniel 10-13), un «príncipe» (Daniel 10-21) y «el gran príncipe» (Daniel 12-1). Miguel también es descrito igualmente como un arcángel por Judas y bajo el enunciado de «Miguel y sus ángeles» lo describe apareciendo en una batalla y le implica como líder militar. De ello podemos deducir que hay ángeles mayores que realizan servicios especiales y que la Biblia nunca describe a Miguel hablando con los humanos, como hace Gabriel.

Los ángeles también llevan a cabo las sentencias de Dios y hay numerosos ejemplos de este tipo en la Biblia donde se habla de su tremenda fuerza, como por ejemplo cuando nos dicen que un ángel destruyó a 185.000 asirios en una noche.

¿De dónde viene la creencia de un coro de ángeles cantores?

Hay muchos cantos en la Biblia, aunque no sabemos nada sobre un Jesucristo cantor, ni tampoco nada que nos diga que alguno de los doce apóstoles se dedicó a cantar como una forma de oración. Sin embargo, los Salmos son cánticos de alabanza que se mencionan como una forma de agradecer o loar a Dios, aunque no deberían emplearse para súplicas ni como rituales ceremoniales. Curiosamente, en Mateos 14-26 y 26-30 se menciona un tiempo en el cual se hacen alusiones a que tanto Jesús como sus apóstoles cantaron, aunque posiblemente sea un error del traductor y se podría referir a «regocijo» o al susurro de objetos, como los árboles al moverse con el viento.

Aunque ahora hay mucho canto en las iglesias, es interesante destacar que la Biblia nunca menciona que los ángeles canten y el término «coro de ángeles» se refiere, probablemente, a la reunión de los ángeles para alabar o disfrutar de la presencia divina. Por ello, aunque muchas canciones de Navidad tienen letras que indican que los ángeles cantaron cuando nació Jesús, nadie debe deducir que eso sea algo literal. Posiblemente todo sea un error al traducir la palabra griega «lego», que significa «para decir» o «para hablar», por «cantar», algo que encontramos con más detalle en Lucas, capítulo 2, versículo 13.

Creencias y errores populares

Desde los tiempos de Cristo las condiciones imprescindibles para acceder al Reino de los Cielos han cambiado, y ahora parece tan sencillo llegar allí que apenas queda nadie en este mundo que no pueda redimirse a tiempo y pedir perdón por sus pecados. Éstas son algunas de las opiniones y creencias más populares:

1. Para conseguir el Cielo debemos ser personas cultas que entendamos bien la Biblia
2. Todos nos convertiremos en un ángel y subiremos a los cielos al morir.

3. Quienquiera que obedezca los Diez Mandamientos irá al Cielo.
4. Quien vaya a la iglesia irá al Cielo.
5. Quien realice buenas acciones irá al Cielo.
6. Quien crea en Dios irá al Cielo.
7. Quien no haya matado a nadie irá al Cielo.
8. Todos los cristianos irán al Cielo.

Estas opiniones son tranquilizadoras, pero posiblemente no sean ciertas y solamente supongan una religión realizada a nuestra medida y deseos. Por otra parte, si ninguna es correcta ¿quién consigue ir al Cielo? La respuesta es simple y la proporciona la Biblia, en donde se explica reiteradamente que las personas que consiguen ir al Cielo son únicamente aquellas que «agradan a Dios», empezando con tener una relación con Él a través de Su Hijo Jesucristo. Desgraciadamente, «agradar a Dios» es una recomendación que ha sido interpretada de cien maneras por la religión durante siglos y que igualmente ha sido modificada reiteradamente.

Aunque personas religiosas, teólogos y «representantes» divinos han estado diciendo a otros lo que deben hacer para alcanzar el reino de los cielos, la mayoría de las veces estas sugerencias han sido mal interpretadas y, frecuentemente, peor sugeridas. Ésa es la principal razón por la cual es vital remontarse a la Biblia para estas cuestiones esenciales, especialmente en el pasaje que habla de cómo el apóstol Pablo refutó las enseñanzas falsas de su tiempo y dijo a todos cómo deberían «agradar a Dios».

Indudablemente, no, y Jesús lo explicó perfectamente cuando eligió como sus seguidores y representantes a personas tan humildes como unos pescadores, del mismo modo que Dios escogió como sus padres terrenales a un carpintero y su esposa.

Error uno
Todos nos convertiremos en un ángel y subiremos a los cielos al morir

Opinión equivocada por tres razones:

1. No todos los ángeles van al Cielo.
2. Las personas y los ángeles son diferentes.
3. La Biblia nunca dice que las personas se convierten en ángeles.

Aunque la Biblia describe a algunos ángeles con la apariencia de «hombres» o «de forma humana», el texto nunca dice que los ángeles sean personas y explica que se materializan así para no aterrorizar a las personas.

Error dos
Quienquiera que obedezca los Diez Mandamientos irá al cielo

La Biblia explica que esos Diez Mandamientos deben cumplirse, pero nunca asegura que con ello se llegue al Cielo. Estas leyes legadas a Moisés representan solamente el 0,06 por 100 del contenido bíblico y si fueran la parte más importante deberían ocupar un mayor espacio. Resulta prácticamente imposible cumplir plenamente esos Diez Mandamientos durante toda nuestra existencia, aunque para solucionarlo la Iglesia inventó la confesión, el arrepentimiento y la penitencia.

Error tres
Quien vaya a la iglesia irá al Cielo

La Biblia nunca habla sobre la obligatoriedad de acudir a la iglesia, ni mucho menos la menciona como lugar de reunión imprescindible para entrar en el Cielo. Además, puesto que todas las religiones discrepan entre sí, ¿cómo sabe usted que ése es el camino correcto para entrar en el Cielo? Ir a la iglesia es recomendable, pero no le convierte automáticamente en una buena persona.

Es frecuente ver a personas acudiendo a la iglesia todos los domingos y fiestas para, literalmente, dormirse. Si realmente hablaran con Dios, ¿cómo es posible que se aburran? Si consideran una obligación acudir a la iglesia, ¿qué tiene que ver esto con agradar a Dios? Y ¿si no están de acuerdo con los rituales religiosos, por qué acuden semana tras semana?

Error cuatro
Quien realice buenas acciones irá al Cielo

Esta balanza para medir las buenas y malas acciones está realizada frecuentemente a nuestra medida e intereses personales. En nuestro interior todos sabemos con seguridad lo que está bien y lo que está mal, pero frecuentemente no dejamos que estos sentimientos afloren y preferimos engañarnos y engañar a los demás.

Error cinco
Quien crea en Dios irá al Cielo

Tampoco la Biblia exige creer en Dios, pues la fe y los dogmas son un invento posterior. Quien ciertamente creía en Dios era Satanás, pues se habla de que fue expulsado al lago de fuego y azufre (infierno) junto con otros ángeles pecadores que habían conocido a Dios. También creían en Dios Adán y Eva, Noé, Moisés y, por supuesto, Jesús.

Error seis
Quien no haya matado a nadie irá al Cielo

Aunque ser un asesino es una de las mejores maneras para ir al infierno, la Biblia nunca asegura que los asesinos no puedan entrar en el cielo, y como muestra nos ensalza a dos asesinos que fueron al cielo: Moisés y David.

Hay muchas personas que nunca han matado, ni siquiera en una guerra, y que podríamos definir como «buenas personas», pero que han acabado en el infierno. Un ejemplo lo podemos encontrar en Lucas, capítulo 16, versículo 1.

Error siete
Todos los cristianos irán al Cielo

No es tan sencillo como afiliarse o integrarse en una comunidad cristiana para lograr entrar en el Cielo. Las personas no nacen cristianos tal como sucede cuando nos hacen ciudadanos de un país desde el momento de nuestro nacimiento. Tristemente, nos hacen cristianos a los pocos días en la pila bautismal, sin esperar a que tomemos nuestra propia decisión al ser adultos. Otra cosa es convertirse al cristianismo con el deseo de ir al Cielo, tal como describe Juan en el capítulo 3, versículos 1-8.

¿Qué dice la Biblia sobre los ángeles?

Los ángeles no se casan

Las personas en la resurrección no se casarán, pues ellos estarán como los ángeles en el cielo.

¿Hay ángeles bebés?

Las Sagradas Escrituras **nada dicen** sobre ningún ángel infantil, y a pesar de **todos los cuadros** que hemos podido ver en las iglesias y otros **pintados por** grandes maestros, no existe una sola prueba **de que** tal cosa sea real ni la Biblia menciona una **etapa de niñez** o de madurez para los ángeles.

Los ángeles de Dios rinden culto a Jesús

Y de nuevo, cuando **Dios trae su primogénito** al mundo, dice: «Permita que **todos los ángeles de Dios** le rindan culto (a Jesús).»

No hay que rendir culto a los ángeles

El culto solamente **debe rendirse** al único y verdadero Dios.

¿No llamó nunca Jesús a los ángeles pidiendo ayuda?

Dijo Jesús: «¿Crees **que no puedo** llamar a mi Padre, para que ponga en seguida **a mi disposición** más de doce legiones de ángeles?»

Los ángeles estuvieron cuando Jesús resucitó

María estaba de pie **fuera de la tumba** llorando. Cuando se agachó vio dos ángeles **vestidos de blanco**, sentados donde había estado **el cuerpo de Jesús**, uno a la cabeza y el otro a los pies (Juan 20:11,12).

Dios ejecuta Su juicio a través de los ángeles

Se usará a los ángeles para encontrar la causa de los pecados y a todos los que hacen mal. El Hijo del Hombre mandará a sus ángeles, y ellos quitarán la mala hierba del huerto fuera de su reino.

Los ángeles llevarán a las personas al horno ardiente

Esto es lo que ocurrirá al final de los días:

Los ángeles vendrán y separarán al malo del virtuoso y lo tirarán en el horno ardiente, allí donde hay lloros y rechinar de dientes.

Cuando Jesús vuelva entrará con los ángeles:

El Hijo del Hombre va a entrar en la gloria del Padre con sus ángeles, y entonces Él premiará a cada persona según lo que haya hecho (Mateo 16:27).

Los ángeles recogerán al virtuoso

Y él enviará sus ángeles con una fuerte llamada de trompetas, y recogerán a los elegidos de los cuatro vientos, de un extremo del Cielo al otro (Mateo 24:31).

Y él enviará sus ángeles y recogerá sus elegidos de los cuatro vientos, del extremo de la Tierra al extremo de los cielos (Marcos 13:27).

En su muerte, los ángeles llevarán al virtuoso a su casa de la vida después de la muerte.

El tiempo vino cuando el mendigo se murió y los ángeles lo llevaron al lado de Abraham. El hombre rico también se murió y fue enterrado (Lucas 16:22).

Los ángeles darán mensajes a los hombres

Hay un ángel que se menciona específicamente en la Biblia; se trata del ángel Gabriel cuando dijo: «Yo soy Gabriel. Estoy de pie en presencia de Dios, y me han enviado para hablar y decir estas buenas noticias» (Lucas 1:19). En el sexto mes, Dios envió al ángel Gabriel a Nazaret, un pueblo de Galilea (Lucas 1:26).

¿Cómo los podemos ver?

En sueños, en visiones o personalmente.

¿Hay ángeles guerreros?

El Arcángel Miguel (Judas 9) es un ángel belicoso, pero hay otros arcángeles también y todos lucharán contra Satanás y sus ángeles. Esto ocurrió cuando había guerra en el Cielo, pues Miguel y sus ángeles lucharon contra el dragón, y el dragón y sus ángeles lucharon hasta retirarse, perdiendo para siempre su lugar en el cielo. El gran dragón fue expulsado, esa serpiente antigua llamada el Diablo o Satanás, y una vez en la tierra se dedicó a vengarse de Dios tentando a los hombres.

¿Cómo conseguiremos hacer que vengan a nosotros?

Ellos vienen como resultado de la oración y creencia en Dios.

Los ángeles pueden aparecerse como personas

Un ángel de Dios se apareció a un hombre que se creía bondadoso y con precisión le dijo lo que debía hacer para salvarse.

Un día, aproximadamente a las tres de la tarde, ese hombre tuvo una visión. Vio a un ángel de Dios llegar hasta él, el cual le dijo: «Cornelius.» Cornelius lo miró fijamente con miedo y le preguntó: «¿Quién eres, Señor?» El ángel contestó: «Tus oraciones y regalos a los pobres han surgido como una ofrenda conmemorativa ante Dios. Ahora debes dejar todas tus riquezas para que otros te ofrezcan sus limosnas.»

Éste, indudablemente, es un mensaje importante, pues con él aprendemos que junto a la bondad hay que ejercer también la humildad. El ángel anónimo que le dijo esto a Cornelius le indicó también cómo encontrar a Peter, uno de los discípulos del Señor, que también podría indicarle la verdad sobre la salvación.

Los ángeles son inmortales

Y ellos ya no pueden morirse porque son ángeles; son los niños de Dios (Lucas 20:36).

Un ángel solitario de Dios atrapará a Satanás, el gran engañador, y lo tirará en el Abismo durante miles de años. Durante la Edad Perfecta, se estacionarán ángeles guardianes delante de las doce verjas que permiten la entrada en la Nueva Jerusalén, uno en cada verja en donde están escritos los nombres de las doce tribus de Israel.

Hay multitudes de ángeles en el cielo

Quien haya venido a la Jerusalén celestial, la ciudad del Dios viviente, habrá descubierto a los miles de ángeles en asamblea jubilosa. Aunque algunas personas en vida de Jesús no creyeron en la existencia de los ángeles, como por ejemplo los saduceos, todos los fariseos los reconocen.

Los maestros falsos pueden pedirle que rinda culto a los ángeles

No permita que nadie envuelto en una falsa humildad le pida que rinda culto a los ángeles para salvarse o conseguir premios. Estas personas no conocen la Biblia, no son creyentes, y solamente difunden sus propias creencias.

También es importante que usted nunca llame a un ángel para que sea su guía o liberación. Si lo hiciera así solamente logrará gran decepción espiritual. Según la Biblia, nosotros debemos llamar solamente a Dios. Solamente debemos confiar en Dios para la liberación, no en un ángel.

¿Cómo sabemos nosotros que los ángeles existen?

Las Escrituras no dan ninguna indicación sobre el momento preciso de la creación de los ángeles, pero su existencia es mencionada desde épocas muy lejanas.

Nuestro Señor habló a menudo de los ángeles y en el Nuevo Testamento son numerosas las veces que hablan de los siete órdenes: ángeles, virtudes, potestades, principados, dominaciones, tronos y arcángeles, mientras que el Antiguo Testamento menciona otros dos específicamente: los serafines y los querubines.

Dios dio a los ángeles gran sabiduría, libertad e inteligencia, y sus muchas apariciones son mencionadas en el Nuevo Testamento, aunque también se refiere a los ángeles caídos. La tentación de Adán y Eva presupone la existencia de espíritus malos o demonios que fueron lanzados al infierno sin esperanza de redención, pero que pueden hacer pecar a los hombres.

Los ángeles son completamente espirituales o personas sin cuerpo (Mateo 11:30) y forman parte de la corte celestial, y su nombre quiere decir «mensajero» porque, según la Biblia, ellos llevan a cabo misiones ordenadas por Dios. Para completar estas misiones, pueden en determinados momentos asumir forma corporal y muchas de estas misiones son de gran importancia, como por ejemplo la Anunciación (Lucas 1:26; 2:9-14).

Como nosotros, los ángeles son producto del amor y la gracia divina pero, al contrario que nosotros, son criaturas no corporales, y para dedicarse a Dios no necesitaron tiempo y reflexión para crecer y madurar. En cuanto fueron creados recibieron la gracia, aunque pronto tuvieron la oportunidad de responder al amor de Dios, salvo unos pocos.

Quizá la actividad más continuada y significativa de los ángeles buenos es la de ser los agentes guardianes de la obra más importante de Dios, la Humanidad. Por ese motivo la Iglesia enseña que todos tenemos un ángel guardián, basándose en las referencias que de ellos se hacen en la Biblia.

¿Quiénes son nuestros ángeles guardianes?

Ningún mal le ocurrirá, ni la aflicción vendrá a su morada, pues su ángel le protegerá. Dios ha dado esta orden para usted, para que le guarden en cualquier circunstancia, para que no se golpee dos veces con la misma piedra.

Un espíritu celestial es asignado por Dios para cuidar de cada uno de nosotros durante nuestras vidas. El papel del ángel guardián es para guiarnos hacia los buenos pensamientos, trabajos y palabras, y para preservarnos del mal. Desde el siglo XVII la Iglesia ha celebrado una fiesta el 2 de octubre para honrarlos.

Otros ángeles

Posiblemente se trate de algunos de los ángeles mencionados anteriormente, pero los historiadores y teólogos les han otorgado nombres diferentes.

El ángel de la Alianza se materializa en forma de nube, aunque en ocasiones lo hace en forma de columna de fuego que llega hasta el cielo. Solía ir delante de los pueblos que tenían que emigrar en masa, indicándoles cuándo y dónde debían parar. Pudiera ser que fuera quien verdaderamente guió a los israelitas cuando atravesaron el mar Rojo para escapar de la matanza que les quería ocasionar el faraón. Hemos encontrado textos que dicen haber visto a Moisés dialogando con un ser invisible y que acataba fielmente todas sus órdenes o sugerencias.

También ha sido muy famoso y controvertido el ángel que se presentó en 1917 a tres pastorcillos analfabetos de Fátima: Lucía, Francisco y Jacinta, para enseñarles a rezar y anunciarles dos cosas: que era el ángel de Portugal y que la Virgen María vendría pronto.

Cómo contactar o pedir ayuda a un ángel

Hay que colocar de manera perenne una estatua o un dibujo que represente al ángel elegido como benefactor. Es conveniente que allí existan ofrendas, como flores o velas, pues eso indicará que le tenemos especial devoción.

Frecuentemente hay que efectuar pensamientos que le involucren y peticiones verbales cuando se requiera alguna ayuda. Eso conseguirá atraerle poco a poco a esa casa.

Cuando se rece o se vaya a comer o dormir, hay que darle las gracias personales.

Si el problema a resolver es muy grande, es mejor que se reúnan varios miembros de la familia o grupo para pedir ayuda en conjunto. Es como cuando se reza el rosario en familia. Si son dos personas las que están enfrentadas, por ejemplo cónyuges o hermanos, la mejor solución sería que ambos rezaran juntos por el mismo deseo de que se vuelvan a unir.

Más que pedir por algo lo mejor es meditar sobre nuestros actos y tratar que nuestro comportamiento con los demás sea tan correcto como el que exigimos con nosotros.

Tenéis que tener en la mente una imagen visualizada del ángel, aquella que corresponda a vuestros gustos, pues al tratarse de un ser etéreo necesita materializarse en vuestros pensamientos con forma humana.

Es mejor que habléis con él mediante el pensamiento, aunque las plegarias se pueden emplear verbalmente.

El procedimiento
¿Quiénes son los ángeles?

Dios no nos ha llamado para rendirle culto según los conceptos humanos, sino para despertar dentro de nosotros el espíritu viviente de amor y expresar ese amor en todo lo que hacemos. En lo más profundo de cada ser humano existe una sabiduría innata y entendimiento sobre un Dios universal, y los ángeles operan o trabajan con esa vibración divina o nivel de energía. En los últimos años, la vibración ha acelerado y, como resultado, el reino angélico ha podido atraer más cerca a la Humanidad.

«Ángel» significa mensajero en los idiomas griego y hebreo, y se usa para indicar los espíritus que portan los mensajes de Dios. Ellos a veces son denominados como guías, amos, maestros dimensionales o arquetipos. Tienen como deber y responsabilidad ser ayuda y guía para que nosotros entendamos la divinidad. Cuando nos comunicamos con los ángeles, nos podemos beneficiar de su guía para traer a nuestras vidas más felicidad, pues nos pueden ayudar a que nuestro sendero sea más confortable.

Los ángeles han sido aceptados por todas las religiones de la tierra, sean divinas o simplemente espirituales. Los libros de las religiones y muchas otras culturas se refieren al Reino Angélico, especialmente la literatura de los griegos, persas, egipcios, romanos, musulmanes, cabalistas judíos, sintoístas japoneses, hindúes, maoríes y cristianos. Los ángeles, finalmente, están en todas las religiones, razas y estratos sociales o económicos.

¿Qué pueden hacer los ángeles por nosotros?

Los ángeles no pueden violar nuestro libre pensamiento, pero debemos estar deseosos de que estén en nuestras vidas. Cada uno de nosotros tiene un ángel guardián o guía, pero también podemos llamar a otros ángeles para que nos ayuden en circunstancias que requieren habilidades especiales o conocimientos.

La presencia angélica trae un sentimiento de fortalecimiento y proporciona un enfoque sobre nuestra única misión y propósito en la vida. Abre el chakra del corazón para que podamos sentir que nuestro corazón es manso y con más compasión.

Estamos entrando en una era donde el conocimiento y la aceptación de los ángeles están siendo cada vez más generalizados. La literatura actual muestra experiencias personales de visitas por emisarios angélicos, bien sea con experiencias cercanas a la muerte, momentos de tensión extrema y requerimiento de intervención para que nos mantengan alejados de daños.

Los ángeles están aquí para ayudarnos a encontrar nuestro propósito en la vida y para que podamos ir con alegría a trabajar. Dios les ha asignado una misión a los organizadores angélicos, que no es otra que asegurarse que los hombres entrarán en el reino de los Cielos.

¿Me ayudarán los ángeles a hacerme rico?

Normalmente ellos están aquí para ayudarle a encontrar la felicidad y el camino hacia Dios, por eso no pueden indicarle nunca el número que será premiado en la lotería. Lo que le proporcionarán es la sabiduría necesaria para ganar lo suficiente a fin de vivir con dignidad. No se olvide que cuando su propósito en la vida sea ganar el cielo y mantener su ayuda al prójimo, es cuando verdaderamente poseerá todas las riquezas de este mundo.

¿Cómo se comunican los ángeles con nosotros?

Hay muchas maneras mediante las cuales los ángeles nos entregan sus mensajes. Debemos estar atentos a la forma tan sutil de hablarnos, pues no es frecuente que lo hagan personalmente ni de manera clara. A veces es una frase en un libro, un semáforo que se cierra bruscamente o algo que aparece de repente ante nosotros sin justificación aparente. Si lo piensa, la señal está relacionada con un problema que le está angustiando. Esté abierto a los mensajes y no considere nada como producto de la casualidad.

Cuando un ángel se acerca, algunas personas sienten escalofríos o un presentimiento, y otras notan alegría o inspiración. También es normal percibir una fragancia agradable e incluso oír música extraña. Cualquiera de estas señales nos indica que su ángel guardián está cercano y todo lo que tiene que hacer es preguntar y esperar a recibir respuesta.

¿Qué le espera en el futuro?

¿Puede encontrar una solución en algún lugar para su problema?

¿Quiere usted vivir en una realidad basada en el amor o en el miedo, en la realidad o en la imaginación?

Esta vida es su vida, estos planes son sus planes, y sus pensamientos, conscientes o no, manifiestan su realidad.

Su crecimiento espiritual es la mejor contribución que usted puede hacerse a sí mismo. En la medida en que trabaje su crecimiento espiritual, le será más fácil manifestar lo que usted quiere en su vida. Llame entonces a su ángel para que le ayude a conseguir sus propósitos mediante la alegría, vitalidad y amor. Mientras refina sus pensamientos, acciones e intenciones, así conseguirá una conciencia espiritual más alta y compañerismo con el Reino Angélico. Dios terminará por hacer que esté contento, alegre y libre. Pregunte y recibirá.

¿Cómo me preparo para comunicar con los ángeles?

Tenga cuidado con hacer caso del sistema o modo mediante el cual otras personas se comunican con los ángeles. Su manera es el único modo y no es posible experimentar la realidad de Dios a través de otra experiencia. La verdad que transformará su vida y nutrirá su espíritu viene de dentro de usted. Hable de su propia experiencia y siempre hablará la verdad. Confíe en la verdad que Dios ha creado en usted.

Al trabajar con su ángel ponga atención porque recibirá la mejor información de la fuente divina más alta. Entonces asuma su responsabilidad sobre lo que escucha y pruebe a efectuar los consejos que le han otorgado. Hágase las preguntas siguientes o invente su propia prueba:

¿Siento esta presencia que me ennoblece, que me ama y ayuda?

¿La información que estoy recibiendo es de amor, información o de consejo?

¿Puedo aplicar esta información en mi vida?

¿Es práctica?

¿Puedo compartir con otros esta información útil?

¿Cómo uso yo los mensajes del ángel?

Usted puede usar los mensajes para usted y otras personas. Cuando otros estén presentes, es muy importante que todos los participantes estén deseosos y se abran a experimentar una relación positiva con los ángeles. Para reforzar la comunicación, desenchufe los teléfonos y encuentre un lugar silencioso donde pueda trabajar y no sea perturbado. Como parte de su primera sesión, pida a los ángeles que le guíen, seleccionando un lugar conveniente en su casa.

Empiece centrándose y conectando su energía con la tierra. Realice una respiración profunda a través de la nariz y al mismo tiempo imagine un árbol blanco de luz que baja del universo a través de su cabeza. Mientras exhala a través de la boca continúe imaginando el árbol de luz bajando por su cuerpo y llegando hasta la tierra. Ofrezca una oración como la siguiente o haga una suya propia. Recuerde: los ángeles son mensajeros, emisarios divinos de Dios, por consiguiente, la comunicación de su demanda con los ángeles llega directamente a Dios. Da lo mismo el nombre que escoja: Dios, Diosa, Madre, Poder, Padre, Altísimo, Gran Espíritu, Creador, Alá, Jesús, Jehová, Buda o Krishna, todos son absolutamente la misma entidad. Su intención es lo que es muy importante, pues Dios sabe lo que está en su corazón.

«Desde el punto de luz dentro de la mente de Dios, permita que un ligero soplo llegue a la mente de todos aquellos que buscan sabiduría divina.»

¿Cómo localizo a mi ángel?

Esto se refiere a recibir a su ángel guardián. Desde su corazón, saque a su ángel y dele permiso para unirse con usted. ¿Percibe usted la imagen de su ángel? ¿Cómo se siente? Abra su imaginación y no desprecie lo que está experimentando. ¿Siente que se eleva? Si nada de esto ocurre es posible que la comunicación no se pueda realizar ahora. Empiece de nuevo dirigiendo una oración a Dios para pedirle su protección y que le guíe en su comunicación con el ángel.

Diga a su ángel que le gustaría conseguir contactar con él y tener el beneficio de que entre en su vida. Los ángeles pueden mejorar su conocimiento y ayudarle a identificar las soluciones en su vida desde una perspectiva más alta y más adecuada.

¿Cómo hablo con los ángeles?

Una vez que su ángel está presente, puede preguntarle verbalmente o con el pensamiento algo que desee y déjele que le muestre la respuesta. Recuerde mostrar sus pensamientos positivos y oculte los negativos, que estropearán el ambiente logrado.

Seguramente deseará escuchar frases concretas a sus primeras preguntas y le gustaría que el ángel le respondiera simplemente «sí» o «no», pero debe acostumbrarse a entender la forma sutil de las respuestas que oirá. Haga una pregunta en un momento dado y espere a que el ángel le responda, ahora o después.

¿Cuáles son los problemas que puedo preguntar?

Un problema apropiado es algo que se relacione con ese momento y con la acción que deba efectuar. Puede preguntar sobre una relación, amorosa o social, sus estudios y carrera universitaria, la compra o venta de un negocio, hacer inversiones o trasladarse a otra parte del país.

Efectúe su pregunta en la forma adecuada para que sea entendida. Este detalle es crucial. Por ejemplo: «El problema es mi relación con...». No debe hacer que el ángel tome una decisión por usted, pues son almas muy perfectas y nunca interferirán con su pensamiento. Sin embargo, puede preguntar: «Si usted estuviera en mi posición en este momento, ¿qué haría?»

Si usted no tiene una pregunta específica en la mente, podría decir: «¿Qué necesito para conseguir que mi vida sea más placentera y gratificante?» O también: «¿Qué necesito para trabajar en este momento?»

La contestación del ángel siempre será instructiva y adecuada. Si en cualquier momento recibe información que le parezca equivocada, irrazonable o falsa, es posible que se deba a su manera negativa de efectuarla. Inmediatamente suspenda la comunicación y pida la protección de Dios y su bendición.

Cuando haya recibido respuestas a todas sus preguntas y guía para sus problemas, cierre la sesión agradeciendo sus guías y expresando su gratitud a Dios por su ayuda.

Apariciones más populares

Génesis 18:1-33

Promete un hijo a Abraham

El Señor se apareció a Abraham en los sagrados árboles de Mamre. Cuando Abraham estaba sentando a la entrada de su tienda durante la hora más cálida del día, vio a tres hombres, tres ángeles, que estaban de pie allí. En cuanto él los vio, corrió fuera a encontrarse con ellos. Arqueando su cuello hasta tocar tierra, dijo: «*Señores, por favor, no pasen por mi casa sin detenerse; estoy aquí para servirles. Permítanme traer un poco de agua para lavar sus pies y pueden descansar aquí, bajo este árbol. También traeré un pedazo de comida que les dará fuerza para continuar su jornada. Ustedes me han honrado viniendo a mi casa, así que permítanme servirles.*»

Ellos contestaron: «*Gracias, aceptamos.*»

Abraham fue deprisa a la tienda y dijo a Sara: «*Rápido, toma un poco de nuestra mejor harina y cuece un poco de pan.*»

Después corrió a la manada y escogió un ternero que era tierno y gordo, y se lo dio a un sirviente que se dio prisa para prepararlo. Tomó un poco de crema, algo de leche y de carne, y puso la comida ante los hombres. Allí bajo el árbol se lo sirvió y comieron.

Entonces ellos le preguntaron: «¿Dónde está su esposa Sara?»

«Está allí, en la tienda», contestó. Uno de ellos dijo: «Nueve meses desde ahora vendrán, y su esposa Sara tendrá un hijo.»

Sara estaba detrás de él, escuchando en la puerta de la tienda. Abraham y Sara eran muy viejos, y Sara había dejado de tener sus periodos menstruales. Ella se rió y dijo: «Ahora que soy vieja, ¿puedo disfrutar todavía del sexo? Y, además, mi marido también es viejo.»

Entonces el Señor le preguntó a Abraham: «¿Por qué se ríe Sara?», y respondió: «¿Puedo tener realmente un niño cuando soy tan viejo? ¿No es esto un trabajo muy difícil para el Señor?» «Como ya dije, nueve meses pasarán y Sara tendrá un hijo», respondió el ángel.

Génesis 19: 1-22

Abraham parte para Sodoma

Entonces los ángeles salieron y fueron a un lugar donde ellos pudieran mirar a Sodoma, y Abraham fue también. Y el Señor le dijo: «Yo no ocultaré a Abraham lo que voy a hacer. Sus descendientes construirán una gran poderosa nación, y a través de él yo bendeciré todas las naciones. Yo lo he escogido para que pueda ordenar a sus hijos y a sus descendientes obedecerme y hacer lo que es correcto y justo. Si ellos lo hacen, yo haré todo lo que he prometido.»

Entonces el Señor siguió diciendo a Abraham: «Hay imputaciones terribles contra Sodoma y Gomorra, y su pecado es muy grande. Debo bajar para averiguar si las imputaciones que he oído son verdad.»

Entonces los dos ángeles salieron y siguieron hacia Sodoma, pero el Señor permanecía con Abraham. Se acercó Abraham al Señor y preguntó: «¿Vas, Señor, realmente a destruir al inocente y al culpable? ¿Si hay cincuenta personas inocentes en la ciudad, destruirás la ciudad entera? ¿No les perdonarás a todos para evitar la muerte de esos cincuenta inocentes?»

El Señor contestó: «Si yo encuentro a cincuenta personas inocentes en Sodoma, perdonaré a la ciudad entera.»

Abraham habló de nuevo: «Por favor, perdona mi intrepidez por continuar hablándote, Señor. Sólo soy un hombre y no tengo ningún derecho para decir algo. Pero si hay sólo cuarenta y cinco personas inocentes en lugar de cincuenta, ¿destruirás la ciudad entera porque faltan cinco?»

El Señor contestó: «No destruiré la ciudad si encuentro a cuarenta y cinco personas inocentes.»

Abraham habló de nuevo: «Quizá solamente haya cuarenta.»

Él contestó: «Yo no la destruiré si hay cuarenta.»

Abraham dijo: «Por favor no te enfades, Señor, pero debo hablar de nuevo. ¿Qué pasaría si hay sólo treinta?»

Él dijo: «No lo haré si encuentro treinta.»

Abraham dijo: «Por favor, perdona mi intrepidez al continuar hablándote, Señor. Supón que solamente encuentras a veinte.»

Él dijo: «No destruiré la ciudad si encuentro veinte.»

Abraham dijo: «Por favor no te enfades, Señor, pues sólo hablaré una vez más. ¿Qué pasará si se encuentran sólo diez?»

Él dijo: «No la destruiré si hay diez.»

La maldad de Sodoma

Cuando los dos ángeles llegaron de nuevo a Sodoma, Lot, el sobrino de Abraham, estaba sentado en la puerta de la ciudad. En cuanto los vio, se levantó y fue a su encuentro y les dijo: «Estoy aquí para servirles. Por favor, vengan a mi casa para lavarse los pies y pasar la noche. Por la mañana pueden levantarse temprano y seguir su camino.»

Pero ellos contestaron: «No, nosotros no pasaremos la noche aquí en la ciudad.»

Él siguió insistiendo, y finalmente fueron a su casa. Lot dijo a los sirvientes que cocieran un poco de pan y preparasen una buena comida para los invitados. Después de comer y antes de que los invitados se acostaran, los hombres de Sodoma rodearon la casa. Todos los hombres de la ciudad, jóvenes y viejos, estaban allí y preguntaron: «¿Dónde están los hombres que han venido a quedarse esta noche con usted? ¡Tráigalos a nosotros!», pues los hombres de Sodoma quisieran tener sexo con ellos.»

Lot salió fuera y cerró la puerta tras de sí. Les dijo: «Amigos, se lo ruego, no hagan semejante maldad. Si quieren, yo tengo dos hijas que todavía son vírgenes. Permítanme sacarlas para ustedes, y pueden hacer cualquier cosa que deseen con ellas. Pero no hagan nada a estos hombres, pues son invitados en mi casa, y yo debo protegerlos.»

Pero ellos dijeron: «¡Sal de aquí extranjero! ¿Quién eres para decirnos lo qué podemos hacer? Fuera de aquí o te trataremos peor que a ellos.» Empujaron a Lot y abrieron la puerta. Pero los dos ángeles metieron a Lot dentro de la casa y cerraron la puerta. Luego, volvieron a todos los hombres ciegos para que no pudieran encontrar la puerta.

Lot sale de Sodoma

Los dos ángeles dijeron a Lot: «Si tienes a otros parientes aquí en esta ciudad, sácalos porque nosotros vamos a destruir este lugar. El Señor ha oído las terribles palabras de estas personas y nos ha enviado para que destruyamos Sodoma.»

Entonces Lot fue a buscar a los hombres con los cuales se iban a casar sus hijas y les dijo: «¡Deprisa, salid de aquí, pues el Señor va a destruir este lugar!» Pero ellos pensaron que Lot estaba hablando en broma.

Al alba los ángeles intentaron que Lot se apresurara. «¡Rápido!», dijeron, «Toma a tu esposa y tus dos hijas y sal fuera, para que no pierdan sus vidas cuando la ciudad sea destruida.»

Lot dudó. El Señor, sin embargo, se apiadó de él y para que todos salieran de la ciudad envió de nuevo a los ángeles. «¡Corran para salvar sus vidas! —les dijeron—. No miren atrás y no se detengan en el valle. Corran a las colinas.»

Pero Lot contestó: «No, por favor, no nos hagas hacer esto, Señor. Me has hecho un gran favor y has protegido mi vida, pero las colinas están demasiado lejos; el desastre me dará alcance y me moriré antes de llegar allí. ¿Ves, Señor, ese pueblo pequeño? Permíteme ir allí, pues en ese lugar estaré seguro.»

El ángel le contestó: «Bien, estoy de acuerdo, no destruiré ese pueblo pequeño. ¡Deprisa! ¡Corra! No les haré nada, pero no miren atrás.»

Desde que Lot lo mencionó como pequeño, el pueblo se denominó Zoar.

Génesis 22:11-18

Abraham y su hijo

Pero el ángel del Señor le llamó desde el cielo: «¡Abraham, Abraham!»

Él contestó, «Sí, aquí estoy.»

«No hieras al muchacho, ahora sé que eres honrado y obedeces a Dios, porque ni siquiera has ocultado a tu único hijo.»

Abraham echó una mirada alrededor y vio un carnero atrapado en un arbusto por sus cuernos. Lo agarró y se lo ofreció como ofrenda en lugar de su hijo.

El ángel del Señor llamó a Abraham desde el cielo nuevamente: «Yo te bendigo y te daré bienes, pues no ocultaste a tu único hijo de mí. Te prometo que te daré tantos descendientes como estrellas hay en el cielo o granos de arena a lo largo de la costa. Tus descendientes conquistarán a sus enemigos y todas las naciones me pedirán que los bendiga como he bendecido a tus descendientes.»

Éxodo 23:20

«Yo enviaré un ángel delante de usted para protegerlo cuando viaje y para llevarlo al lugar que he preparado.»

Isaías 6:2-7

Alrededor de él estaban de pie las criaturas, cada una de ellas con seis alas. Cada criatura cubría su cara con dos alas, su cuerpo con dos, y usaban las otras dos para volar. Todos estaban convocando a los hombres:

«¡Santo, santo, santo!

¡El Señor es omnipotente y santo!

Su gloria llena el mundo.»

El sonido de sus voces sacudió el templo, y el propio templo se llenó de humo.

Yo dije: «No hay esperanza para mí, pues me condenaré porque cada palabra que sale de mis labios es pecadora, y vivo entre personas cuyas palabras son pecadoras.»

Entonces una de las criaturas voló abajo y llevando un carbón ardiente que había tomado del altar tocó mis labios y dijo: «Esto ha tocado tus labios, y ahora tu culpa y pecados han sido perdonados.»

Ezequiel 1:4-28

Yo buscaba y vi un huracán que venía del Norte. Los relámpagos venían de una nube grande, y el cielo a su alrededor brillaba. Donde el relámpago estaba encendido algo brilló de un intenso color bronce. En el centro de la tormenta vi lo que parecían cuatro criaturas vivientes con forma humana, pero cada una de ellas tenía cuatro caras y cuatro alas. Sus piernas eran rectas, y tenían pezuñas como las de los toros. Todos brillaban de un bronce pulido. Además de sus cuatro caras y cuatro alas, cada uno tenía cuatro manos humanas, una bajo cada ala. Dos de las alas de cada criatura se extendieron fuera para formar un cuadrado, con sus alas inclinadas tocándose. Cuando se movieron lo hicieron como si fueran un solo cuerpo.

Cada ángel, pues eso es lo que eran en realidad, tenía cuatro caras diferentes: una cara humana delante, la cara de un león a la derecha, la cara de un toro a la izquierda y la cara de un águila en la parte de atrás. Se levantaron dos alas de cada ángel para tocarse por las puntas y sus otras dos alas se plegaron contra sus cuerpos. Cada ángel se puso frente a una de las cuatro direcciones.

Entre los ángeles había algo que parecía una antorcha llameante y en constante movimiento. El fuego ardía y disparaba fuera las llamaradas, mientras que los ángeles iban de un lado a otro con la velocidad del relámpago.

Cuando yo estaba mirando a los cuatro ángeles vi cuatro ruedas que tocaban la tierra, una al lado de cada uno de ellos. Las cuatro ruedas eran iguales; cada una brillaba como una piedra preciosa, y cada una formaba un ángulo recto para que las ruedas pudieran entrar en cualquiera de las cuatro direcciones. Se cubrieron entonces los márgenes de las ruedas con ojos y siempre que las criaturas se movían las ruedas lo hacían con ellos, y si los ángeles subían lo hacían las ruedas. Los ángeles iban adondequiera que deseaban, y las ruedas hacían lo mismo porque los ángeles las controlaban.

Sobre las cabezas de los ángeles había algo que parecía una cúpula hecha de cristal deslumbrador. Había estado protegida por los ángeles, cada uno con dos alas para cubrirla. Oí el ruido de sus alas en vuelo; parecía el rugido del mar, como el ruido de un gran ejército, como la voz de Dios Omnipotente. Cuando dejaron de volar, plegaron sus alas, pero estaba todavía la gran cúpula cubriendo sus cabezas. Sobre ella estaba un trono hecho de zafiro, y sentado en el trono estaba una figura que se parecía a un hombre. La figura brillaba de color bronce en medio de un fuego, con una luz luminosa que tenía todos los colores del arco iris.

Daniel 7:9-10

La visión de quien ha estado viviendo desde siempre.

Mientras yo estaba mirando, llegaron ángeles al lugar. Uno de ellos se sentó en el trono. Su ropa era blanca como la nieve, y su pelo parecía de pura lana. Su trono, en llamas, estaba ardiendo, y un arroyo de fuego salía fuera. Había muchos miles de las personas allí para servirle, y millones de personas estaban de pie ante él. La corte empezó su sesión, y los libros fueron abiertos.

Zacarías 1:9-19

Le pregunté: «Señor, ¿qué significan estos caballos?»

Él contestó: «Yo te mostraré lo que ellos quieren decir. El Señor los envió para inspeccionar la tierra.»

Ellos informaron al ángel: «Nosotros hemos estado encima del mundo y hemos encontrado que el débil está desvalido y dominado.»

Entonces el ángel dijo: «Señor Omnipotente, tú has estado primero a favor y ahora enfadado con Jerusalén y las ciudades de Judá, ¿cuánto tiempo debe pasar aún para que les muestres misericordia?»

El Señor contestó al ángel con palabras reconfortantes, y el ángel me dijo que proclamara lo que el Señor había dicho: «Tengo un amor profundo por Jerusalén, mi ciudad santa, y estoy muy enfadado con las naciones que disfrutan callando. Pero mientras yo estoy deteniendo mi enojo contra esas personas, las naciones han hecho sufrir más a otras personas. Cuando yo regrese a Jerusalén para mostrar misericordia a esta ciudad mi templo se restaurará, y la ciudad será reconstruida.»

El ángel también me dijo que proclamara: «El Señor dice que sus ciudades serán de nuevo prósperas y que Él ayudará a Jerusalén una vez más.»

En otra visión vi cuatro cuernos de buey y pregunté al ángel que había estado hablándome: «¿Qué significan estos cuernos?»

Él contestó: «Simbolizan los poderes mundiales que han esparcido a las personas de Judá, Israel y Jerusalén.»

Lucas 1:26-38

Anuncia el nacimiento de Jesús

En el sexto mes Dios envió al arcángel Gabriel a un pueblo en Galilea llamado Nazaret. Tenía un mensaje para una muchacha prometida en matrimonio a un hombre de nombre José, que era un descendiente del rey David. El nombre de la muchacha era María.

El ángel llegó hasta ella y dijo: «¡La paz esté contigo! ¡El Señor está contigo y te ha bendecido grandemente!»

María se atemorizó profundamente por el mensaje del ángel, y preguntó lo que significaban sus palabras.

El ángel le dijo: «No tengas miedo, María; Dios te ha bendecido con su gracia. Te quedarás embarazada y darás a luz a un hijo, al que llamarás Jesús. Él será grande y se llamará Hijo de Dios. El Señor Dios le hará rey, como su antepasado David lo era, y será para siempre el rey de los descendientes de Jacob y su reino nunca acabará.»

María dijo al ángel: «Yo soy virgen, ¿cómo, entonces, puede suceder esto?»

El ángel contestó: «El Espíritu Santo vendrá a ti y el poder de Dios descansará en ti. Por esta razón el niño santo se llamará Hijo de Dios.»

«Yo soy la sirviente del Señor» —dijo María—. «Pueda pasar en mí cuanto Él ha dicho.» Y el ángel la dejó.

Contactos angélicos

Una historia que crea esperanza

A lo largo de nuestras vidas nosotros hemos sido bendecidos con experiencias espirituales, algunas de las cuales son muy sagradas y confidenciales y otras, aunque sagradas, necesitan ser compartidas. El verano pasado mi familia tuvo una experiencia espiritual que dejó un profundo impacto en nosotros y que ahora queremos compartir.

El 22 de julio yo estaba volando hacia Washington DC en un viaje comercial. Todo era muy normal, hasta que comenzamos a aterrizar en Denver para un cambio de avión. Cuando estaba recogiendo mis pertenencias, un aviso para el señor Lloyd Glenn sonó por los altavoces, o al menos creí oírlo. No pensé en ello hasta que alcancé la puerta para dejar el avión y oí a un señor que preguntaba a cada varón que salía si ellos eran el señor Glenn. A estas alturas supe que algo no iba bien y mi corazón quedó compungido. Cuando bajé del avión un hombre joven con expresión solemne vino hacia mí y me dijo: «Señor Glenn, hay una emergencia en su casa. No sé qué clase de emergencia es, o quién está envuelto en ella, pero le acompañaré al teléfono para que pueda llamar el hospital.»

Mi corazón estaba golpeando ahora a mi pecho con fuerza, e inexpresivamente seguí a ese hombre a un teléfono distante, desde donde llamé al número que me dieron del Hospital de la Misión. Mi llamada llegó hasta la unidad de traumatología, donde me dijeron que mi hijo de tres años se había quedado atrapado con la puerta automática del garaje durante varios minutos, y cuando mi esposa lo había encontrado, estaba muerto. El reconocimiento había sido realizado por un vecino que es médico y los servicios de urgencias continuaron el tratamiento durante el transporte de Brian al hospital. Cuando efectuaron la llamada para encontrarme, Brian revivió y creyeron que se salvaría, pero en ese momento aún no sabían cuánto había sido dañado su cerebro y su corazón. Me explicaron que la puerta había aplastado completamente el lado derecho del esternón encima de su corazón y que el mal era irreversible. Después de hablar con el personal médico, mi esposa parecía preocupada pero no histérica.

El vuelo de retorno me pareció eterno, pero finalmente llegué al hospital seis horas después del accidente mortal. Cuando caminé hacia la unidad de cuidados intensivos, nada me hacía pensar en ver a mi hijo pequeño en una gran cama con tubos y supervisado por todas partes. Pero allí estaba con un respirador y vi a mi esposa que estaba de pie y que intentaba darme una sonrisa tranquilizadora. Todo parecía como un sueño terrible, pero ahora sabía que Brian iba a vivir, y las pruebas preliminares indicaron que su corazón estaba fuerte: un milagro, dijeron, aunque solamente el tiempo diría si su cerebro había quedado dañado. A lo largo de las horas aparentemente interminables, mi esposa estaba tranquila pues sentía que Brian volvería a quedar curado en el futuro. Yo me agarré a sus palabras y su fe con gran desesperación.

Toda esa noche y el siguiente día Brian permaneció inconsciente. Parecía que estaba a gusto desde que yo había dejado mi viaje comercial el día anterior. Finalmente, a las dos de la tarde, nuestro hijo recobró la conciencia y se sentó, profiriendo las palabras más bonitas que he oído en mi vida. Él dijo: «Papá, abrázame» y alzó sus pequeños brazos hacia mí. Al día siguiente su caso fue comentado en todo el hospital y la ausencia de daños neurológicos y físicos, y la historia de su supervivencia milagrosa, pasó de boca en boca. Cuando nos llevamos a Brian sentimos una gran reverencia por la vida y amor hacia nuestro Padre Celestial. Durante los días siguientes comprendimos que había un espíritu especial viviendo en nuestra casa y desde entonces los dos hermanos mayores estuvieron más unidos a su hermano pequeño. Mi esposa y yo también nos unimos más y el conjunto de la familia mejoró igualmente, pero la historia aún no había terminado.

Casi un mes después Brian despertó de su siesta y dijo: «Siéntate, mamá, tengo algo que decirte.»

En ese momento Brian habló normalmente con frases cortas, pero diciendo cosas que dejaron sorprendida a mi esposa. Ella estaba sentada con él en su cama y escuchó esta notable historia:

«¿Recuerdas cuando yo me quedé atrapado bajo la puerta del garaje? Era tan pesada que me hizo mucho daño. Yo te llamé pero no me oíste. Empecé a llorar, pero entonces comencé a sentirme muy mal y vinieron unos pajaritos.»

«¿Pajaritos?», preguntó su madre confundida.

«Sí», contestó, «pajaritos que pasaron velozmente hasta llegar al garaje. Ellos me cuidaron.»

«¿Ellos lo hicieron?», preguntó incrédula su madre.

«Sí», dijo, «uno de los pajaritos vino y consiguió quitarme el dolor y me pidió que no siguiera moviéndome.»

Un sentimiento dulce llenó el cuarto mientras hablaba el niño y la presencia de un espíritu era tan fuerte que se percibía en el aire. Mi esposa comprendió que un niño de tres años no tenía ningún concepto sobre la muerte y los espíritus, al menos para que estuviera refiriéndose a ellos como los seres que vinieron a él desde el más allá como «pajaritos».

«¿Cómo eran esos pajaritos?», preguntó.

Brian contestó: «Eran muy bonitos. Vestían de blanco, todo blanco, aunque algunos tenían verde y blanco.»

«¿Te dijeron algo?»

«Sí», contestó. «Ellos me dijeron que el bebé estaría bien.»

«¿El bebé?», preguntó desconcertada.

«El bebé que estaba en el suelo del garaje.» Y siguió contando: «Tú llegaste y abriste la puerta del garaje y corriste hacia el bebé. Le dijiste que se quedara quieto.»

La madre casi se derrumbó al oír esto, porque ella había hecho eso mismo y se había arrodillado al lado del cuerpo de Brian y, viendo su pecho aplastado, pensó que estaba muerto. Desesperada gritaba: «¡No nos dejes Brian, por favor quédate con nosotros!»

Cuando escuchó a Brian decir las mismas palabras que ella había pronunciado, comprendió que el espíritu había dejado su cuerpo y había permanecido allí sobre ellos todo el tiempo.

«¿Entonces qué pasó?», preguntó.

«Nosotros seguimos de viaje», dijo el niño, «lejos, lejos.» Mientras intentaba explicar el resto se agitó y no pudo seguir hablando, por lo que ella intentó calmarle y confortarlo. Él se esforzó en seguir hablando, algo que obviamente era muy importante, pero encontraba muy difícil seguir haciéndolo. «Nosotros volamos muy rápido por el aire», agregó, «y vimos muchos pajaritos.»

Ella estaba aturdida. Brian siguió diciendo que los pajaritos le habían dicho que él tenía que regresar para hablar a todos sobre «los pajaritos». Ellos le devolvieron a casa en un camión de fuego grande, hasta una ambulancia. Un hombre estaba sacando al bebé en una cama blanca y uno de los pajaritos intentó decirle al hombre que el bebé se curaría, pero el hombre no pudo oírlo. Los pajaritos dijeron al niño que tenía que ir en la ambulancia, pero ellos estarían cerca de él.

Brian explicó que eran tan bonitos y tan pacíficos, que no quería regresar. Entonces vino una luz intensa, tan caliente que era muy agradable. Alguien estaba en esa luz y puso sus brazos alrededor de él, y le dijo: «Yo te quiero, pero tienes que volver. Tienes que jugar al béisbol, y hablar a todos sobre los pajaritos.» Entonces la persona le besó y le dijo adiós. Se marcharon velozmente, se oyó un sonido muy intenso y entraron en las nubes.

Más tarde Brian nos enseñó que los pajaritos siempre estaban con nosotros, pero que no los vemos porque no se aparecen ante nuestros ojos y no los oímos porque no sabemos escucharles con nuestras orejas. Pero ellos siempre están y se les puede ver sólo aquí (puso su mano encima de su corazón). Ellos susurran las cosas para ayudarnos a que hagamos lo que es correcto porque nos aman mucho. Brian continuó: «Yo tengo un plan, mamá tiene un plan, papá tiene un plan, todos tenemos un plan, y los pajaritos ayudan a que nosotros hagamos nuestros deseos.»

Durante las semanas siguientes repitió la misma historia y ningún detalle fue cambiado, aunque agregó datos más extensos de información y clarificó el mensaje inicial. Nunca dejó de asombrarnos cómo podía dar tal cantidad de detalles sobre sus pajaritos.

Dos tipos de ángeles: buenos y malos

Daniel 10:12-14

«... En ese momento Él me dijo: No temas, Daniel, porque desde el primer día que pusiste tu corazón para entender y para humillarte ante Dios tus palabras fueron oídas, y yo he venido debido a tus palabras. Ahora tengo que hacer entender lo que pasará a las personas en los últimos días, pero esto se refiere todavía a muchos días lejanos.»

Mateo 25:41

«Entonces Él dirá a aquellos que están a su mano izquierda: apartaros de mí, os maldigo, ir al fuego eterno preparado para el diablo y sus ángeles.»

II Corintios 11:13-15

«Hay hombres que son apóstoles falsos, obreros engañosos, que se enmascaran como apóstoles de Cristo. No es extraño, pues Satanás finge y tiene muchas caras, y sus sirvientes también se enmascaran como personas de rectitud, pero por sus hechos les descubriréis.»

¿Qué hacen los ángeles?

Rescatar, guardar, proteger, traernos mensajes de Dios, luchar en nuestras batallas, llevar a cabo los deseos de Dios.

Reyes 19:5

Y cuando él dormía bajo un árbol un ángel lo tocó y le dijo: levántate y come.

Actos 5:17-21

«Cuando llegó un sacerdote a la fiesta de los saduceos, lleno de celos mandó arrestar a los apóstoles y los envió a prisión. Pero por la noche un ángel abrió las puertas de la cárcel y los sacó diciendo: "Ir hasta el templo de nuevo y hablar a las personas sobre la Vida Eterna." Y cuando oyeron esto, entraron en el templo al alba y enseñaron.»

Génesis 19:15

«Cuando amaneció la mañana, los ángeles insistieron a Lot diciendo: "Levántate, toma a tu esposa y tus dos hijas, para que no seáis consumidos en el castigo de la ciudad".»

Lucas 1:11

«Y el ángel contestó: Yo soy Gabriel, que está siempre frente a Dios, y me ha enviado para que hablara y traerle estas buenas noticias.»

Hechos 8:26-29

«Pero un ángel del Señor dijo a Philip: "Levántate y vete hacia el sur, al camino que baja de Jerusalén hasta Gaza." Y se fue y vio a un etíope, un eunuco, un sacerdote, a la reina de los etíopes, cargados con todos sus tesoros, que habían venido a Jerusalén para rendir culto y ahora regresaban. Sentado en su carro, el ángel que estaba leyéndole al profeta Isaías le dijo a Philip: Sube a este carro.»

Mateo 13:41-42

«El Hijo del hombre enviará sus ángeles, y ellos recogerán fuera de su reino todas las causas de pecado y a todos los malhechores y los tirarán en el horno de fuego; allí llorarán y rechinarán sus dientes.»

Hechos 12:5-8

Una noche, Pedro estaba encerrado en prisión y se puso a rezar a Dios. Al poco, Herodes envió a sus soldados para ajusticiarlo y entraron dos soldados para quitarle las cadenas, mientras otros dos guardaban la puerta. Apareció entonces un ángel brillando con luz intensa y pidió a Pedro que se levantara, mientras le soltaba las cadenas. El ángel le dijo: «Vístete y ponte las sandalias. Ponte tu manto y sígueme.»

Mateo 1:20

«Pero mientras él pensaba en estas cosas, vio en un sueño aparecerse al ángel del Señor, que le dijo: José, hijo de David, no temas tomar a María como tu esposa, pues lo que ella va a concebir será algo santo.»

Isaías 6:1-2

«El año que murió el rey Uzziah vi también al Señor sentado en un alto trono acompañado por serafines con seis alas.»

Daniel 10:5-6, 7

«Entonces yo alcé los ojos y miré a un hombre vestido de lino y en cuyos lomos llevaba oro fino. Su cuerpo también estaba adornado con berilos (esmeraldas), su cara, muy delgada, tenía ojos como lámparas de fuego, sus brazos y pies eran de color latón pulido, y su voz podía oírse entre la multitud. Solamente yo, Daniel, vi la visión, pero los hombres que estaban conmigo no, aunque se pusieron a temblar y se escondieron.

Entonces alcé los ojos y vi a dos mujeres, y el viento movía sus alas, porque ellas tenían alas como las alas de una cigüeña, y se elevaron entre la tierra y el cielo.»

Ezequiel 1:5-6

«Fuera de allí había cuatro criaturas vivientes parecidas a un hombre. Cada uno tenía cuatro caras y cuatro alas.»

Daniel 9:21

«Sí, mientras estábamos hablando y orando, incluso el hombre Gabriel, a quien yo había visto al principio en la visión, echó a volar rápidamente.»

Revelación 14:6

«Y yo vi otro ángel volar en medio del cielo y predicar el evangelio en la tierra, a cada nación, y pariente, lengua y persona.»

Revelación 19:10; 22:9

«Y yo caí a sus pies para rendirle culto, y él me dijo: No lo hagas, yo soy un siervo como vosotros, un hermano de los profetas que da testimonio de Jesús y que pide el culto a Dios.»

EXPERIENCIAS

El aeropuerto

Yo he tenido varias experiencias con ángeles, pero ninguna tan obvia como la siguiente: estaba de camino a mi casa desde Puerto Rico, después de asistir a dos entierros de unos parientes que se habían muerto separadamente en menos de dos meses. Había arribado al aeropuerto de Boston, pero no encontré a nadie allí para recogerme. No disponía de ningún número de teléfono para llamar, apenas llevaba dinero encima y andando estaba casi a media hora de camino, distancia muy larga para alguien que llevaba dos pesadas maletas.

Cuando empezaba a estar preocupado, una mujer se me acercó y me preguntó: «¿Qué ocurre, no ha venido nadie a recogerle?» La miré con curiosidad, pero evité contarle mi problema por desconfianza. «Bueno, quizá estén al llegar», respondí.

Ella me preguntó: «¿Adónde va usted?» Ahora se lo dije y, señalando a dos hombres que estaban recogiendo su equipaje, dijo: «He oído por casualidad que esos dos hombres viven allí, así que puede pedirles que le lleven.» Le dije que no les conocía y que no podía hacer eso. Ella me aseguró que parecían personas de fiar, pero respondí que aun así no iría con ellos.

Entonces la mujer se acercó a ellos y les preguntó adónde iban, y cuando se lo dijeron les explicó que yo no tenía ningún medio para llegar a mi casa y les pidió que hicieran el favor de llevarme. Los dos hombres se me acercaron y me preguntaron adónde iba. Cuando les dije mi dirección, respondieron que ése era exactamente su lugar de destino, y añadieron que conocían a mi hermano y que eran vecinos. Ante estas explicaciones me sentí seguro y estuve de acuerdo en ir con ellos. Me volví para agradecer a la señora su ayuda, pero había desaparecido.

Una voz tranquila

Esto pasó el 8 de septiembre de 1994, unas horas antes de que tuviera que ser operado de un tumor cerebral. Mi familia estaba a mi alrededor y súbitamente oí una voz mansa que me dijo: «No tengas miedo, no te morirás, yo estoy aquí contigo y todo acabará bien.»

Yo no estaba asustado, y sentía que alguien estaba conmigo protegiéndome. Por supuesto, la operación fue un éxito y ahora, siempre que estoy triste o desconcertado, todavía oigo esa voz tranquila que me dice que no me preocupe, pues todo irá bien. Yo creo que es mi ángel.

Yo oí una voz que decía: «Déjale ir, Diana»

Esta historia no sé si será más estraordinaria que otras, pero lo es para mí, puesto que creo en los ángeles.

El 7 de marzo de 1997 fui a comprar comida y cuando dejé la tienda tuve el presentimiento de que iba a tener un accidente. Puse las bolsas en el maletero y entré en el automóvil. Aunque muchas veces no me pongo el cinturón para ir por ciudad, por alguna razón mi instinto me inclinó a ponérmelo ahora. Conduje aproximadamente cuatro kilómetros y el presentimiento había desaparecido de mi mente cuando, de repente, el coche hizo un brusco giro a la izquierda y choqué contra un automóvil que estaba aparcado.

Cuando me recuperé oí que una voz me decía: «Déjale ir, Diana.»

Cerré mis ojos y simplemente esperé un rato para recuperarme del todo. Después lloré porque alguien me había avisado del peligro y ni siquiera lo tuve en cuenta para ser más prudente.

Pero mi historia sigue aún más allá.

Mi jefe, mis amigos y familiares me llamaron todo el día para decirme cómo se alegraban que yo estuviera bien del accidente y me preguntaron qué podían hacer por mí. Cuando regresé del examen médico, y de camino a casa, me di cuenta que estaba llorando y fue cuando vi una nube que se parecía a un ángel. Me siguió todo el camino a casa. Tan insegura estaba de mí y de aquello que estaba viendo, que llamé a mi hija al llegar a casa y le pregunté si ella lo veía igualmente.

«¡Oh, Dios! —dijo—. Es un ángel.» Corrió para tomar su cámara fotográfica, pero cuando comenzó a sacar las fotografías la imagen se fue. Afortunadamente, doy gracias a que ella lo pudo ver también, pues pienso que nadie me hubiera creído si mi hija no lo hubiera visto igualmente.

Ángel inadvertido

Hace unos años mi abuela estaba ya muy achacosa. Ese día había estado con unos amigos cenando y regresó a casa enferma. No le dio importancia, pero al día siguiente comenzó a quejarse de un fuerte dolor en el pecho que le llegaba a la espalda y al estómago. Nosotros la llevamos al hospital y durante unos días la hicieron pruebas sin encontrar el mal.

Todos nosotros supimos entonces que para que mejorase era imprescindible que se averiguara la enfermedad y por eso nos pusimos a rezar. Por fin al día siguiente ocurrió y los doctores descubrieron que tenía un aneurisma, una especie de agujero en su aorta que goteaba en el pecho y que le causaba el dolor.

No obstante, los doctores dijeron que estaba muy enferma y que era urgente operar, pero que la operación era muy arriesgada. Aun así, decidimos seguir adelante y cuando nos quedamos en la sala de espera nos pusimos a rezar. El médico llegó para decirnos que todo estaba listo para la operación, aunque antes debería realizar más radiografías para fijar el punto exacto del agujero en su corazón. Una vez que examinó las radiografías se asombró de lo que vio. Regresó rápidamente para decirnos que, aunque el agujero estaba allí, por alguna razón la hemorragia se había detenido. No supo explicar la causa, pero pidió que ella se quedase en el hospital durante dos días más, sólo para ver si se agudizaba de nuevo el mal.

Nosotros sabíamos que la respuesta estaba en nuestras oraciones y que un ángel había escuchado nuestras plegarias.

Ángeles en la radio

Juan Pedro nació muerto. Esto crea un sentimiento muy intenso y difícil de explicar, pues sientes dolor por alguien a quien ni siquiera llegaste a conocer ni amar. Ciertamente, el dolor es una parte aplastante de la emoción, pero para mí esa sensación estaba mezclada con otro sentimiento aún más fuerte. Cuando yo miraba la cara de ese niño deseaba ciertamente que el Señor le hiciera respirar. Tomé ese cuerpo diminuto y lloré en silencio, pues de algún modo yo sabía que Juan Pedro quería saber exactamente dónde estaba.

Recuerdo los siguientes acontecimientos: Era la fiesta del Arcángel y los cielos estaban nublados y había algo de aire. No tenía prisa por volver al hospital, pero como sabía que mi esposa estaba sufriendo quería estar con ella cuanto fuera posible. Durante el trayecto en coche apenas noté la música angelical que salía de la radio. Estaba corriendo mucho, pues mi pensamiento se concentraba más en la pérdida que en la carretera.

La música dulce parecía sonar cada vez más fuerte y finalmente irrumpió en mi conciencia. No estaba exactamente de buen humor, pero la belleza increíble de los sonidos que venían de la radio me aturdía. Irritado, traté de alcanzar el control de la radio y descubrí que no estaba allí.

Detuve el automóvil y miré el salpicadero con asombro; también lo hice detrás de mí y no vi nada. Estaba desconcertado porque en el automóvil seguía sonando esa música fuerte, y ahora además escuché la canción. No podía entender las palabras, pero el sonido era bello y abundante. Parecían las voces de niños mezcladas con voces que se podrían definir como de ángeles. La canción acabó, pero mi corazón había sido cambiado.

Luego supe con certeza que mi hijo me había dejado entrar en su secreto. El lugar al que nosotros estamos destinados es más bonito que nuestra vida actual.

Nacimiento milagroso

Yo estaba embarazada y tenía tres ecografías que mostraban a un niño con deformidades múltiples. El doctor me dijo que podría abortar, pero yo pensaba que Dios no me daría una segunda oportunidad. El problema es que soy enfermera y pensé: «Bien, si nace un niño deformado lo tengo que aceptar.» ¿Quién soy yo para impedir que nazca? Mi marido dijo que si abortaba se separaría de mí, pues también era hijo suyo y quería que naciera. Mi madre, por su parte, me aseguró que ella no se encargaría de cuidar a mi hijo deforme mientras que yo me iba a trabajar. Si quería a ese hijo, insistió, tendría que ser yo quien me ocupase del pequeño.

Todos parecían tener razón, pero el embarazo se me complicó con diabetes. Una noche no pude dormir, o si lo hice fue con intensas pesadillas. Veía a elementos oscuros advirtiéndome de los peligros, fuera cual fuera la posición que adoptase, pero también aparecieron ángeles y yo me sentía como si estuviera flotando en el techo. Después vi al diablo aplastando a mi bebé y cuando creí despertar vi a mi cuerpo inanimado. «Estoy muerta», pensé, pero a mi lado había un ángel que me proporcionó una gran alegría. Llamé a mi marido y fui con el ángel a la habitación de al lado, pero encontré a mi propio cuerpo muerto.

Entonces yo recordé: «No, no estamos muertos.» Encontré mi cuerpo y supe que tenía que remontarme. Luego me vi entregando mi bebé a una muchacha, mientras en el cuarto estaban los médicos que decían: «No lo quiere.» Cuando me desperté y vi que todo seguía igual, aprecié lo que la naturaleza me había proporcionado y decidí luchar sola o acompañada para que mi hijo tuviera una existencia agradable.

El niño pesó menos de un kilo, pero salió adelante. Creo que el ángel llegó a mi sueño para darme consuelo y eso ha cambiado mi vida entera.

Mi historia con un ángel

Mi historia con un ángel realmente pasó en menos de veinticuatro horas. Desde que sé que tengo un ángel, y que ellos existen, he pensado que debía compartir mi experiencia. Ocurrió una anoche cuando estaba regresando de hacer las últimas compras de Navidad. Estaba conduciendo por una carretera que tenía muchas curvas, y cuando me vi en peligro empecé a reducir la velocidad, pero las ruedas de atrás patinaron en la arena y perdí el control de mi automóvil. Empecé a dar fuertes acelerones, pues mi único pensamiento era encontrar estabilidad e impedir que mi coche chocara con otros. Bien, no sé exactamente lo que hice, pero mi automóvil por algún motivo salió por los aires y dio tres o cuatro vueltas de campana, hasta que aterrizó en un campo sembrado. Desperté y vi el parabrisas delantero roto balanceándose en el aire, justo delante de mis ojos.

El techo que estaba en el asiento de al lado había caído sobre ese lado y todo el cristal estaba incrustado en la butaca. Pero en mi lado, el parabrisas y el cristal de la puerta no se habían salido de su sitio, aunque estaban rotos. También estaba destrozada la puerta y todo el techo de mi lado, pero éste apenas estaba dañado. Sé que mi automóvil rodó varias veces por tierra y que lógicamente tendría que estar roto y con el techo aplastándome.

Ahora creo con firmeza que mi ángel guardián sostuvo el techo y la ventana sobre y alrededor de mí, y me salvó la vida. Es como si hubiera estado protegida por una burbuja imaginaria. Cuando salí del automóvil y llegó la ambulancia los médicos no podían creer que aún estuviera con vida. Su asombro fue aún mayor cuando se dieron cuenta que apenas tenía arañazos ni aplastamientos de huesos y que era capaz de andar sin dolores ni ayuda. En ese momento no quise compartir mi historia con nadie, pues seguramente darían mil explicaciones sobre el accidente, ninguna tan real como la mía. Estoy segura que hay ángeles fuera, alrededor de nosotros, mirando encima de nuestros cuerpos día y noche. Aunque no sé quién es el mío me gustaría agradecerle que no me haya dejado morir todavía.

Mi experiencia

Yo creo en los ángeles y supongo que se debe a que he crecido en un ambiente muy cristiano. Había oído que mi familia tuvo varias experiencias con ellos, pero personalmente mi primera la tuve cuando tenía trece años. Mis padres estaban inmersos en un divorcio muy violento y las cosas extrañas que sucedían parecían ser originadas por las circunstancias.

Una noche, mientras estaba en la cama, me desperté con el presentimiento de que había una figura espantosa en mi cuarto. Estaba aterrado, pues nunca había experimentado algo así en mi vida y lo único que se me ocurrió fue llamar a Dios pidiéndole ayuda, tal como solía hacer en mis oraciones. Bien, esperé a que la espantosa figura desapareciera, pero lo que vi fue algo inesperado. Ciertamente estaba preparado para ver cosas raras, siempre tenebrosas, pero no me podía imaginar encontrar a un ángel en mi habitación. La figura era lo más hermoso que había visto en mi vida. No era transparente ni una figura flotante que pareciera enrollarse mientras ondulaba su vestido, tal como los dibujos y películas representaban. Era sólido, alto, evidentemente fuerte, rubio, y parecía brillar desde dentro.

Ésta no fue la única vez que vi al ángel (¿qué otra cosa podía ser?), pues un año después aproximadamente le volví a llamar para pedirle protección contra otro espíritu maligno. Estoy seguro que es mi ángel guardián y, aunque no lo había visto antes, desde que he sentido su presencia me encuentro más seguro, pues sé que volverá de nuevo si necesito de él.

El ángel de Missi

Era el verano de 1995, cuando nuestra hija Missi estaba padeciendo una fuerte depresión. Llevaba casada aproximadamente un año y se encontraba más deprimida cada día. Me explicó que incluso había ido a su armario, tomado el arma de su marido, cargado el arma y apuntado a su cabeza, pues deseaba acabar su dolor. Su marido, su padre y yo habíamos intentado ayudarla, junto con un doctor, pero ella no conseguía mejorar y pensamos que posiblemente la perderíamos. Todo lo que nosotros podíamos hacer era tener esperanza y rezar para que ella consiguiera curarse. Y eso fue lo que hicimos, hasta que llegó un momento en que perdimos la esperanza.

Yo imploraba una señal que me indicara que Missi iba a curar del todo y esa señal llegó. Era un día caluroso de agosto. Yo estaba dentro con el aire acondicionado, sentada al estilo indio en una silla, cuando una pluma pequeña cayó desde arriba y aterrizó en mi pantalón. Pensé que posiblemente era la señal por la que habíamos estado orando y me invadió un sentimiento de paz y el convencimiento de que Missi iba a curarse rápidamente. Ese día le pedí a Missi que viera a otro doctor, pues debía comprobar el diagnóstico anterior, y para nuestra sorpresa encontró un desequilibrio hormonal que trató con medicación. Mi hija se curó.

Lo que hizo que esa pluma cayera en mí no fue casual, pues pasó dos veces más: la siguiente dentro de la funeraria cuando el entierro de la suegra de mi hermano y de nuevo dentro de mi coche. Yo sé que esa señal era mi ángel que me daba las gracias por haber rezado tan intensamente. Ahora le siento muy cerca de mí a menudo y doy gracias a Dios por mi ángel.

Confirmación

Yo estaba trabajando para una compañía importante, pero me sentía infeliz. También ejercía como líder laico en mi iglesia y era muy activo llevando los eventos de las misiones.

Una noche, estaba dormido y me desperté escuchando cómo mencionaban mi nombre. Suelo tener un sueño ligero y cuando me desperté (normalmente me despierto rápidamente y listo para salir), tuve el presentimiento de que allí había estado mi abuela mirándome. Ella había sido una mujer muy activa en su iglesia cuando estaba viva y ahora llevaba muerta aproximadamente cinco años. Recordé que en sueños me había estado hablando y dejado un mensaje para que insistiera en mi deseo de ser superintendente del distrito. Un año después me pidieron que sirviera en tres iglesias pequeñas, cargo que acepté y del cual solamente he recogido felicidad.

Mi ángel juvenil

Cuando tenía aproximadamente cuatro años fui a una escuela preescolar cristiana. El primer día que llegué, los profesores nos permitieron salir a jugar en el patio de recreo, aunque no nos advirtieron que jugarían también los niños mayores. Pronto los otros niños nos impidieron jugar y yo terminé resbalando y perdiendo el equilibrio, cayéndome de cabeza a un agujero de un metro. Recuerdo que en el fondo había dos ángeles esperándome para recogerme y que no me hiciera daño. Nunca les había visto antes, pero ahora que soy mayor aún los puedo describir exactamente cómo eran.

Mis padres no me creyeron, pero sí lo hizo mi maestro, que fue quien me vio caer en el agujero. Él les dijo a mis padres que me caí de cabeza, pero que al recogerme no tenía ninguna herida ni dolor. Probablemente debido a eso es por lo que yo he creído desde entonces en los ángeles, incluso ahora que soy mayor. Sigo creyendo que ellos aún ahora cuidan de mí.

¿Personas comunes o ángeles?

Mi historia empieza cuando estaba regresando de visitar a unos amigos en la playa con mi novia, la que ahora es mi esposa. Estábamos viajando por una carretera muy conocida cuando de súbito mi vehículo voló literalmente y nos apartó cientos de millas de nuestro destino. Este hecho, que denomino como estiramiento interestatal, nos dejó en una zona lejana y con el coche averiado. Estaba anocheciendo y a los pocos minutos llegó una pareja de unos cuarenta o cincuenta años, en un coche blanco, que nos ofreció su ayuda. Les dije que no sabía qué podía hacer, puesto que todo indicaba que el coche no podría volver a funcionar. Me preguntaron cuál era nuestro destino y le explicamos lo sucedido, insistiendo en que nos considerábamos perdidos. Sin dar mucha importancia a nuestro relato se ofrecieron a llevarnos hasta nuestra ciudad, ofrecimiento que aceptamos inmediatamente.

Durante el viaje hablamos de cosas diferentes, sin embargo yo dediqué más tiempo a observarles que a hablar. Tenían algo extraño que brillaba con la noche y las preguntas que les hacía mi novia no obtenían nunca respuesta. Cuando llegamos nos dieron su dirección y a los pocos días les enviamos una carta agradeciéndoles su ayuda, pero nos fue devuelta como desconocida. No me importa si eran ángeles o no, pero para mí fueron dos buenas personas que nos salvaron de un apuro cuando nos encontrábamos lejos de nuestra casa, con el coche roto y sin saber adónde ir.

Ángeles en Ravensbruck

Todos nosotros entramos en un edificio espantoso. En una mesa las mujeres dejaban sus pertenencias y se desnudaban totalmente para pasar a un cuarto donde las cortarían el pelo. Yo le pregunté a una mujer que estaba verificando las pertenencias de las recién llegadas si podía usar el retrete. Ella me señaló una puerta, y cuando entré descubrí que allí solamente había un agujero en el suelo. Mi amiga Betsie se quedó cerca de mí al tiempo que, de repente, tuve una inspiración: «Rápido, quítate tu ropa interior de lana», susurré. La enrollé con las mías y puse el bulto en una esquina con mi pequeña Biblia. El lugar estaba lleno de cucarachas, pero no me preocupé por eso. Me sentía extrañamente feliz, pues consideraba mi instinto como una señal divina para no quedarnos sin ropa.

Nosotras nos dimos prisa en llegar a la fila de mujeres que esperaban desnudarse. Poco después, nos llevaron a las duchas, nos pusimos nuestras camisas y vestidos gastados, pero yo escondí el rollo de ropa interior y mi Biblia bajo mi vestido. Se notaba obviamente el bulto a través de mi vestido, pero recé: «Señor, envía a un ángel tuyo ahora para rodearme y no les permitas ver mi ropa escondida; hazme transparente para que los guardias no puedan verme.»

Me sentía absolutamente a gusto. Serenamente pasé delante de los guardias y, aunque todas fuimos verificadas, de frente, de lado, por detrás, ellos solamente vieron una protuberancia que llevaba la mujer que iba delante de mí, un chaleco de lana. La detuvieron y a mí me dejaron pasar sin mirarme. Mi amiga Betsie, que iba detrás de mí, fue cacheada.

Pero fuera nos esperaba otro peligro. En cada lado de la puerta había mujeres que examinaban de nuevo a todas. Prácticamente no dejaban una zona del cuerpo sin chequear, pero yo estaba segura de que a mí no me verían, pues los ángeles todavía estaba rodeándome. Ni siquiera me prestaron atención cuando pasé delante de ellas, por lo que supe que mi estancia en el campo de concentración de Ravensbruck sería más placentera de lo habitual. La prueba de ello es que ahora he podido contar mi experiencia.

Ángel en Manhattan

Yo trabajo en Manhattan y tengo un horario loco, como todas las nuevas madres. Los últimos seis meses han sido muy estresantes para mí, porque tengo que hacer malabares para realizar mis tareas domésticas y al mismo tiempo disponer de tiempo libre. Mi marido también trabaja y me ayuda increíblemente, pero su programa de trabajo también es muy intenso y normalmente llega por la noche, y cuando lo hace se pone a completar todos los quehaceres que yo no he podido terminar. Mi madre vive con nosotros y me ayuda, pero nunca tenemos el suficiente tiempo ni las fuerzas necesarias para hacer todo. Esta situación ha causado algunos momentos tensos entre mi marido y yo.

He aquí mi historia sobre ángeles:

Yo había subido al tren aquella tarde. Una pareja mayor llegó hasta mi lugar y su marido la dijo: «Sentémonos aquí», mientras señalaba los asientos frontales. Ella se sentó y observé una mirada seria en su cara y, sin decir una palabra, se levantó y se sentó en el asiento de atrás. Su marido la siguió y se puso a su lado.

Yo miraba entonces por la ventana y apenas les volví a prestar atención. Cuando el tren comenzó a moverse ella me preguntó: «¿Cuándo el tren esté en marcha, le importaría cambiarse conmigo? Es que no me gusta ir en sentido contrario a la marcha.» Sonreí y cambié de lugar. Después me dio las gracias y me explicó que ellos vivían en Michigan y que había trabajado hasta que sus hijos se hicieron mayores.

Yo estaba aturdida, pues se trataba de una conversación banal que ni siquiera había mostrado interés en ella. Presentí que ellos no eran quienes decían ser y noté que el marido estaba nervioso y que no tenía interés en nuestra conversación. Su mirada era agradable, pero se mostraba impaciente por ver el final de la conversación.

Ella continuó: «Yo tenía que usar mi tiempo más eficazmente. Cocinaba varias comidas los sábados, y los fines de semana hacía muchas labores en casa hasta bien entrada la noche. En esa época me quejaba mucho de mi suerte, pues añoraba la vida cómoda con mis padres, pero ahora me doy cuenta que no es bueno quejarse tanto cuando la situación es correcta.»

A estas alturas yo estaba asustada y supe que esto no era normal. Mi estación de tren llegó y me levanté. Mientras me iba le dije que había disfrutado con nuestra conversación, ella sonrió y dijo: «Tenga cuidado.»

Yo volví a casa asombrada, pero lo hice muy lentamente, para encontrar un sentido a aquella persona. El recorrido duró media hora más de lo habitual y cuando llegué unos vecinos me dijeron que acababan de asaltar con una navaja a una señora enfrente de mi casa. Pálida, me di cuenta que si hubiera ido a mi paso habitual, no tan lentamente, la víctima habría sido yo.

Ángel en el fuego

Un día de 1993 fui a trabajar y antes, como siempre, dejé a mi hija pequeña al cuidado de mi madre. Mi hija en aquel momento tenía dos años y era muy aventurera, como lo son la mayoría de los niños a esa edad. Ella entró a la cocina con mi madre y después de que mi madre saliera se quedó allí para jugar. Apenas habían pasado unos segundos, cuando mi madre me llamó para decirme asustada que había visto fuego en la cocina y oído un fuerte ruido. Entramos para buscar a mi hija y la vimos intacta. Todos los armarios de la cocina estaban negros, quemados, lo mismo que la silla de plástico en la que mi hija estaba sentada. Ella, sin embargo, no tenía ninguna lesión y se encontraba tranquila. Alrededor de la estufa todo estaba chamuscado y supimos que era allí donde se había originado el fuego.

Como creyente, debo aclarar que estoy segura que había sido un ángel quien había protegido a mi hija aquella noche.

Ángel guardián

Nuestro hijo Martín nació en noviembre del 96. Dormía en su propio cuarto desde que tenía cuatro meses, en una cuna adecuada para esa primera edad, pues contaba con dos protecciones.

Cuando Martín tenía seis meses, una noche (alrededor de 1:00 a.m.) le oímos gritar. Mi esposa, ángeles, y yo salimos hacia su cuarto y le vimos llorar en el suelo: parece ser que se había resbalado por la parte de atrás de la cuna y se había caído al suelo. Nosotros no teníamos ninguna alfombra en el suelo, y no había nada, por consiguiente, que amortiguara el golpe. Mi esposa lo tomé en brazos y, después de un rato, el niño dejó de llorar. Aparentemente Martín estaba llorando de miedo y no tenía ninguna herida o dolor en ninguna parte. Todos los que nos hemos golpeado contra el suelo en la niñez sabemos que no dejamos de llorar aun cuando los brazos de nuestra madre nos rodeen.

Fuimos al médico y allí nos explicaron que el niño no había sufrido ningún trauma. Al día siguiente del accidente, mi esposa me dijo que esa noche ella se había despertado bruscamente y que oyó el ruido del niño cayendo al suelo. La única explicación que nosotros tenemos es que su ángel de la Guarda le impidió sufrir daño físico alguno cuando se estrelló contra el duro suelo.

Desde esa noche hemos puesto nuevas protecciones en su cuna.

El ángel y el oso de la oración

Cuando mi hija estaba recibiendo quimioterapia en el hospital, pasaba un mal rato con las sesiones. Además, oí a algunos miembros del personal decir que no estaban seguros si Samantha (de 1 año y 3 meses) iba a salir curada, pues posiblemente la quimioterapia era demasiado fuerte para una niña tan pequeña.

Yo estaba trabajando en un McDonalds como gerente. Un día, una señora llegó hasta mí y me preguntó: «¿Le ocurre algo?» Yo le dije que mi hija estaba muy enferma, pero que nosotros teníamos fe en que saldría curada. La señora tenía un alfiler, representando a un ángel, hecho a mano en la solapa del vestido, tan humilde que apenas se veía, pero aunque no era la única joya que llevaba esa mujer destacaba más que el resto. Supongo que ella me vio mirar fijamente el alfiler y me dijo: «Este alfiler ha estado en mi familia durante generaciones y muchas personas han querido comprármelo, pero no quiero deshacerme de él. Sin embargo, ahora creo que usted lo necesita mucho más que yo.» Se quitó el alfiler y me lo dio. Noté que tenía mucho calor.

Después de abandonar mi trabajo, fui al hospital (aproximadamente a cuarenta minutos de distancia) y entré en el cuarto de Samantha. Ella estaba enferma, pálida, con la respiración muy poco profunda y tres o cuatro tubos alojados en su diminuta boca. Yo sostuve el alfiler durante un momento sin saber dónde ponerlo, y entonces lo puse en un osito que ella tenía a la cabecera de su cama. Ese muñeco, cuando se le apretaban las patas, decía: «Roguemos al Señor.»

Entonces yo me senté y a las 3:00 a.m. la niña me despertó. Parecía querer agarrar su osito, en el cual había prendido el alfiler de la señora. Hacía días que no abría los ojos y me alegré por ello, por lo que la dejé apretar contra sí al pequeño muñeco. Ella miraba al oso y después a mí, sonriendo a ambos.

Desde ese momento empezó a mejorar y tanto el oso como el alfiler con el ángel permanecieron a la cabecera de la cuna de Samantha. Desde esa noche, la niña recibió una quimioterapia adicional, además de tratamientos de radiación y dos cirugías. En todo momento su ángel estaba con ella y ahora no tengo ninguna duda de que ese ángel le salvó la vida. Hoy, Samantha está prácticamente curada después de un trasplante de médula.

Sí, yo creo en los ángeles.

El perro blanco

Uno de los viejos amigos de mi abuela me contó la siguiente historia. Mi abuela era una persona muy callada, amorosa, devota de Dios y que siempre decía que metería su cabeza en una picadora de carne por Él. Un día, ella estaba sentada en el porche delantero con este amigo, intentando leer, pero era incapaz debido a su pobre visión. Hizo un comentario sobre la necesidad de tener unas lentes adecuadas y, de repente, un perro blanco como la nieve salió del camino y se puso a sus pies. Mientras la miraba, extendió hacia mi abuela unas gafas e inmediatamente se fue, y nunca más le volvieron a ver.

La joven muchacha atrevida

Mi nombre es Emily, nací en 1983 y hace diez años tuve mi primer encuentro con un ángel. Mi hermana, dos de nuestros amigos y yo estábamos subiendo a un gran cedro en donde teníamos instalado nuestro fuerte. Estaba en las ramas del fondo, no demasiado alto como para darnos miedo, pero lo suficiente para no ser molestados. Ellos me dijeron que yo no era lo bastante valiente como para subir a las ramas superiores del árbol, pero aún siendo una muchacha pequeña me consideraba valiente, así que les dije que lo haría.

Empecé a subir por las espesas ramas y noté que ellos se estaban poniendo nerviosos mientras ascendía. Me detuve y miré hacia abajo triunfalmente a mi hermana y amigos. «¡Ya casi estoy! ¡Ya lo veréis!», les grite. Mi hermana estaba a punto de llorar, posiblemente porque presentía lo que podía ocurrir.

De pronto, la rama en la que me apoyaba se rompió y me caí. Todo el accidente apenas duró tres segundos, pero mi vida entera pasó por mi mente en ese momento. Notaba cómo caía a una velocidad increíble. Pero, para mi asombro, percibí unos brazos alrededor de mi cintura que retardaron la caída. Oí también una voz consoladora en mi oreja, diciéndome que todo iba bien. Aunque estaba aturdida por el miedo, era consciente de eso, hasta que di con mi barbilla en una rama y aterricé finalmente en el suelo dándome un golpe que, cuando menos, me tenía que haber fracturado algún hueso. Pero incluso conseguí levantarme.

Me llevaron al hospital y me curaron la lengua, que me había cortado con los dientes, aunque también advirtieron que había perdido toda la audición en mi oreja izquierda, y que no la recobraría. De eso hace ya diez años. Nunca he sabido quién era el ser que me ayudó con sus brazos y sus palabras confortadoras, pero seguramente sería mi ángel de la guarda.

Dos historias de ángeles

El 5 de septiembre de 1996, durante el huracán Fran, observé lo que parecía ser un ángel en el cielo y una mujer (desconocida para mí) le sacó una fotografía. Unos días después yo estaba en la cola de un cine esperando sacar las entradas, cuando vi a la persona que tenía delante enseñarle una fotografía de ese ángel a un amigo. Por lo visto, esa fotografía había sido publicada en el periódico, y todos la habían visto excepto yo. Le pregunté si podía hacerme una copia, pero me dijo que era privada, aunque me pidió mi número de teléfono, pues debía pedir permiso al director del periódico. Esa noche recé intensamente para pedir a Dios una fotografía.

Al día siguiente un ángel me indicó en sueños que la fotografía estaba ya disponible y que existía otra fotografía similar realizada el mismo día. Antes de la noche yo disponía ya de dos fotografías maravillosas de aquella experiencia.

Otra historia:

Mi madre, que vivía conmigo en aquel momento, era una fumadora empedernida, por lo que se pasaba la mayor parte de la noche tosiendo. Una noche ni siquiera pudo dormir a causa de la tos, pero al día siguiente nos contó que alguien le decía: «Estás enferma, vete al médico ahora mismo.» Miró a su alrededor, pero no vio a nadie; sin embargo, sintió un gran alivio en su corazón al escuchar estas palabras. No entendía quién había sido, pero se encontraba mejor que nunca.

Ciertamente, ella llevaba mucho tiempo enferma, y yo le había estado diciendo que fuera al médico, pero era muy terca. Su contestación siempre era: «Me curaré; estaré bien pronto.» Sin embargo, cuando esa voz le habló, cambió de opinión y fue a ver a un doctor. Diagnosticó que tenía bronquitis y por lo menos dejó de fumar.

Mi madre y el ángel

Mi madre falleció el 31 de diciembre de 1996 y recuerdo que cuando estaba en el hospital se quedaba muchas veces mirando hacia una esquina del techo con una sonrisa. Un día, en lugar de sonreír frunció el ceño y le pregunté la razón, pues pensé que presentía la muerte, pero luego sonrió de nuevo y me aseguró que no veía a ningún ángel. Ante mi insistencia, asintió con la cabeza.

Otro día, tuvo un ataque cardiaco que la dejó sin voz y sin movimiento durante cinco días. En la quinta noche, cuando yo estaba intentando dormir a su cabecera, reclinado en un sillón, oí un susurro que venía de la cama. Me levanté y vi a mi madre que se estaba moviendo, aunque seguía sin poder hablar.

Ahora creo que mi madre vio a un ángel durante varios días y que llegó para guiarla al cielo. Esa aparición le produjo más felicidad durante sus últimos siete días que cualquier medicina de los médicos.

El nombre de tu hijo es Frank

Yo estaba embarazada de mi primer niño. Mi padre estaba muy enfermo y nos llamaron bruscamente para decirnos que se moría. Cuando llegamos a su casa, y por alguna razón, él se levantó y dirigiéndose a mi marido le dijo: «Tenéis que llamar a vuestro hijo Frank.»

Yo le dije: «¡De ninguna manera!», a lo que me respondió que él estaría vivo cuando su nieto naciera. Arrepentida por mi brusquedad, le expliqué que posiblemente podría ser una muchacha, a lo que me respondió que era un niño.

El día del aniversario de mi boda decidimos salir a cenar y justo al regresar sentí los dolores del parto y me fui directamente al hospital. Era una noche horrible, con tormentas y tornados, pero el nacimiento fue bien y, efectivamente, era un niño precioso. Cuando todo finalizó, mi marido llamó a casa de mis padres para decirles que su nieto había nacido. Tristemente, me comunicaron que mi padre acababa de fallecer, y al preguntar la hora exacta supe que había ocurrido justo cuando mi pequeño acababa de llegar a este mundo. Mi padre había mantenido su promesa de estar aquí hasta entonces. Obviamente, le llamamos Frank.

Tocado por un ángel

Mi nombre es Ana, y recientemente he tenido una experiencia con un ángel que me gustaría compartir, pues mi vida ha cambiado desde entonces. Estaba escuchando la canción «Tocado por un ángel» y aunque la conocía perfectamente ese día presté especial atención a su letra. Comencé a cantarla al unísono y sentí como una irradiación, que crecía en intensidad. Estaba de pie ante una ventana y con los ojos cerrados, pero veía una intensa luz calurosa que brillaba ante mí. El calor golpeó mi corazón y empecé a llorar, pues me sentía herida, enojada y desesperada por los acontecimientos de los últimos días.

Continué llorando cuando una brisa me acarició el rostro, y sentí la misma sensación que cuando mi madre me ponía suavemente en la cuna, aunque ahora imaginé que se trataba de las alas de un ángel. Di las gracias a Dios y a quienquiera que fuera que me proporcionó esa felicidad y me sentí tan inspirada que escribí inmediatamente un poema al que titulé «Tocado por un ángel».

La protección de mi guardián

Mi marido y yo alquilamos un bote de remos para pescar. Habíamos estado todo el día en el lago y teníamos que tomar el último barco, que llegaría aproximadamente a las 8:40 p. m. del domingo. Había un puente que necesitábamos cruzar para llegar al lugar donde los barcos atracan y un cauce por un túnel a través del cual teníamos que remar, en nuestra pequeña canoa, hasta llegar a la entrada del embarcadero. Estábamos empezando a remar a través del túnel cuando nos detuvimos durante unos minutos para recoger nuestra ropa de pescar. Cuando nos estábamos acercándonos al final del túnel, de repente una canoa de motor con dos pasajeros llegó inesperadamente a través del túnel a aproximadamente 35-40 millas por hora. Afortunadamente, había suficiente espacio para que pudiera pasar rozándonos y evitar el choque, pero si hubiéramos estado en la boca de salida del túnel, algo más estrecha, se hubiera estrellado contra nosotros. Algo, o alguien, nos hizo detenernos en aquel lugar para agregar un minuto extra e impedirnos tener un trágico y monstruoso accidente. Creo que nuestros ángeles guardianes y el espíritu de mi madre (ella murió de cáncer el año pasado) nos protegieron ese día del peligro en el lago.

¡Gracias a mi ángel!

Yo conduzco un autobús escolar. Una mañana nevada, helada y fría, me desperté preguntándome si la nevada lograría cancelar la escuela durante el día. Fuera todo estaba nevado y sucio, pero por alguna razón la escuela no cerró. Cuando me fui a trabajar, empecé a pensar en los niños y lo inconveniente de que ese día fueran a la escuela. También pensé en conducir muy despacio, no tanto por el suelo resbaladizo, sino porque los niños estarían enfadados por no poder jugar con la nieve en sus calles. Si iba despacio, al menos llegarían más tarde a la escuela.

Conduje muy despacio en mi primera carrera, pero seguía sin imaginar la razón por la cual no habían cerrado la escuela o por lo menos abrirla algo más tarde. Siempre disponía de quince minutos de margen y por eso normalmente me detengo en la gasolinera y tomo un café. Este día supe que otros chóferes de autobús que también desayunan en la gasolinera, y esta mañana en particular, habían estado hablando sobre todos los árboles que estaban tirados en la carretera. El hielo había helado sus ramas hasta que el peso y la rigidez los rompieron. Algunos chóferes no pudieron llegar, pues se quedaron bloqueados en el camino.

Yo no me quedé mucho tiempo detenido porque nos dijeron que el pueblo estaba cubierto de nieve y empezaba a formarse hielo. Abandoné la gasolinera detrás de otros dos autobuses y cuando me acerqué al desvío los otros dos autobuses se volvieron, y al poco tiempo un coche de bomberos me pasó veloz.

No pensé demasiado en esto y cuando llegué al pueblo todo parecía en orden. Entonces, de repente, cayó hielo desde uno de los puentes que cruzan el camino y rompió unos cables de alta tensión. Detuve el autobús asustado y vi chispas volando por todas partes. Realmente no sabía qué hacer, aunque recordé lo que mi padre siempre me decía: «Quédate en un automóvil con ruedas. Los neumáticos te protegerán.» Pronto sentí la corriente eléctrica en mis manos cuando pasé encima de los cables, pues aunque el aislamiento funcionaba algo la humedad disminuía sus propiedades. Del volante, la electricidad pasó a mi asiento metálico, y durante unos segundos no pude tomar una decisión. Indudablemente yo no hice nada concreto, pero el autobús siguió correctamente su camino, guiado por una mano invisible, al mismo tiempo que alguien aceleró el vehículo a fondo y salí de aquel lugar en pocos segundos.

Una vez repuesto, podría asegurar que fue mi ángel guardián quien se encargó de todo, pues cuando paré dos manzanas más abajo no recordaba haber realizado nada positivo y ni siquiera había conservado la calma.

Ángel en la playa

Era un fin de semana con mucho calor y decidí llevar a mis dos hijas a la playa, un lugar más fresco. Estábamos jugando con la arena, en la orilla, y de repente una ola grande nos derribó seguida por otra aún mayor. Mientras yo todavía estaba de rodillas, agarrando a la niña de tres años, la otra, de cinco años, estaba intentando volver hacia nosotros desde algo más lejos. El mar estaba ya muy intenso y cada vez la niña se apartaba más de nosotros, pues la resaca la llevaba mar adentro. La pude agarrar por el extremo de su pelo, pero ella había tragado un poco de agua y no conseguía colaborar en el rescate.

Comencé a gritar llamando al socorrista, que no estaba lejos de nosotros, pero no se percató de la urgencia y continuó hablando por el teléfono móvil. Un muchacho de unos ocho o diez años llegó hasta nosotros y me ayudó a rescatar a la niña hasta la arena. Una vez que lo consiguió desapareció, pero en ese momento yo estaba demasiado ocupado ayudando a respirar a mi hija como para darme cuenta. Pronto mi hija mayor tosió un poco de agua y recobró el conocimiento.

Yo me aseguré de que ambas niñas estaban bien y empecé a llorar porque no podía creer cómo mi vida se hubiera podido arruinar en tan pocos segundos.

Aproximadamente quince minutos después, intenté buscar al muchacho y para ello pregunté a todos los que estaban allí, peor nadie supo lo que yo estaba buscando. El chico desapareció sin dejar rastro y no volví a pensar en él hasta que regresé a casa esa noche y me puse a rezar para dar las gracias. De repente, algo me hizo ver en mi interior que ese joven era, en realidad, un ángel.

Ángel que mira encima de nosotros

En el verano de 1977 yo vivía todavía en casa con mis padres. Mi madre y yo íbamos juntas en el mismo automóvil para ir al trabajo todas las mañanas y retornábamos por las tardes. Nuestra ruta usual era por una carretera con mucho tráfico.

Este día en particular nos detuvimos en el semáforo que regula el paso de peatones por la carretera. La luz cambió y yo empecé a caminar. Algo detuvo mi automóvil y el coche que iba al lado mío por la derecha. Recuerdo que pensé en un fallo en el motor de mi coche. En ese momento un camión cruzó la intersección por mi izquierda, pasándose el semáforo en rojo a gran velocidad, muy superior a los 90 km/hora del límite.

Si mi ángel guardián no hubiera detenido mi automóvil y el automóvil que estaba a mi derecha, mi madre y yo habríamos quedado aplastadas entre ambos coches. Todos agradecimos a Dios por cuidar de nosotras y enviar un ángel guardián a que detuviera el motor del coche.

Ahora que hay niños que llevan armas y cuchillos, bandas que asolan los barrios, me es más fácil enviar a mi hijo al colegio sabiendo que Dios y sus ángeles le están protegiendo. Es un alivio saber que cuando yo no puedo estar con él, Dios ha enviado a sus ángeles para proteger a la persona más preciosa en mi vida.

El toque

Recuerdo cuando estaba emocionado por ver un ángel. Era el verano de 1990. En el mes de mayo, había recogido a mi hijo pequeño Daniel y lo había sacado de un matrimonio malvado que le cuidaba. Le llevé a casa de mis padres y allí le cuidaron adecuadamente.

Sin embargo, éste era un tiempo muy malo para mí. Acababa de finalizar el proceso de mi divorcio y me habían dado la custodia de mi hijo, aunque mi ex marido había luchado mucho para quedarse con la custodia de Dany. Por suerte, mi madre es la mujer más maravillosa del mundo y me alentaba mucho a que siguiera luchando legalmente por el niño, mientras ella rezaría a Dios. Me recordó que Dios disponía de unos ángeles guerreros que lucharían conmigo.

Durante este tiempo yo estaba en una total confusión, pues Daniel tenía padre y madre y había que separarle de uno de nosotros. Como no podía dormir, pedí que durmiéramos juntos en la misma habitación, aunque el único cuarto lo suficientemente grande era el comedor. Finalmente, mi madre durmió en el sofá, mi hermana y yo hicimos una cama plegable en el suelo y Dany durmió igualmente en el suelo en un colchón. Mi papá, muy delicado en esa época, siguió durmiendo en su cuarto.

Esta noche especial estaba con todos en casa y en la cena mi madre leyó un pasaje de la Biblia. Después nos fuimos a dormir a nuestros lugares respectivos, pero yo tenía dificultades para conciliar el sueño. Al poco rato alguien me dio golpecitos en mi hombro. Era como una palmada suave, tal como una madre suele dar a su hijo. Me senté e intenté averiguar quién me había dado esos golpecitos. Mi hermana estaba a mi lado, pero medio dormida, mientras que mi madre estaba dormida completamente en su cama, demasiado lejos para haberme tocado. Mi hijo se había movido mucho en su cama y le salían los pies por debajo de las sábanas, pero dormía profundamente.

Seguía preguntándome quién me había dado golpecitos en mi hombro. Todavía podía sentir la sensación sobre mi hombro, por lo que decidí preguntar en voz alta: «Catalina, ¿me has dado golpes en el hombro?» Medio dormida me contestó que no. «Mamá, ¿me has dado golpecitos en el hombro?» «No —me respondió—, yo no he sido.»

Yo insistí: «¡Pues alguien me dio golpecitos en el hombro!, y no ha sido una sensación fugaz ni imaginaria. ¡Era una mano! Tenía calor y peso. Una mano fuerte.»

Mi madre, por supuesto, encontró la respuesta. Aseguró que había sido un ángel que llegó para decirme que todo iba a salir bien.

Ahora, casi ocho años después, todavía pienso en esa palmada y me doy golpecitos en mi hombro para recordar ese sentimiento. Obviamente, las palmaditas que me doy no las siento igual, pues recuerdo que esa noche mi ángel guardián me dio un toque especial.

En el caso de que usted estuviera preguntándose si hubo un final feliz en mi divorcio y custodia de mi hijo le diré que sí. Más tarde, en 1996, me casé de nuevo con un maravilloso tipo, un hombre cristiano, y los tres somos ahora una familia feliz.

Una reunión en McDonald's

Soy un joven de diecisiete años que vive en un suburbio. Yendo de compras con mi tía al mercado, me sentí muy hambriento. Cuando estábamos comiendo en un McDonald's en la parte de atrás, observé a un hombre en la esquina tomando café. Parecía un indigente sin casa ni hogar, con su ropa rota y con barba. Pronto percibió mi mirada y se sintió nervioso, asustado, pero superando mi propia inquietud decidí comprar algo para ese hombre. Cuando me acerqué a él con dinero y le pregunté si lo aceptaba, él me dijo que no necesitaba dinero ni comida, no de una manera hostil sino amable.

Me senté entonces a su lado, pues parecía más entusiasmado con la conversación que con la ayuda material. Habló entonces de su larga barba, explicando la razón para llevarla así. Yo le indiqué que me sentía cristiano y por eso había tratado de ayudarle. Para asombro mío citó varios pasajes bíblicos sobre la necesidad de no ser un hipócrita delante de las personas y me dijo que yo tenía que ocultar mi orgullo por ayudar a las personas y debería pensar en una manera más humilde y discreta de contribuir.

Confundido después de esos cinco minutos de conversación, le agradecí su visión y consejo sobre la caridad. Después de volver a mi mesa, dediqué unos minutos más a observarle, y fue cuando me di cuenta que tenía algo especial. ¿Quizá era una persona enviada por Dios para que las personas captáramos su mensaje? ¿Era un ángel? Aunque hasta entonces me consideraba una persona humilde me he quedado asombrado al ver que un hombre que parecía tan roto y al margen de la sociedad, había sido capaz de saber tanto de mis defectos y demostrarme lo que significaba realmente ir orgulloso por la vida.

Cuarto lleno de ángeles

Mi madre se estaba desmoronando poco a poco, su respiración era muy poco profunda, y sus piernas estaban negras desde las rodillas y sus ojos estaban fijos. Tenía setenta y nueve años, era madre de nueve niños y ella, a su vez, era la mayor de nueve hermanos.

Yo tenía treinta años menos y vivía cerca de mi madre, casi puerta por puerta, y la visitaba frecuentemente. Mi madre tenía cuarenta y nueve años años cuando yo nací, por lo que no tuvo nunca una buena salud, no solamente por su edad, sino porque tenía más hijos y el dinero no llegaba para mucho.

Era una persona activa, siempre en el jardín, trabajando con papá y yendo ambos a comprar al mercado. Le gustaba viajar y contar historias. Creía en Dios y eso que había perdido a tres hijos, uno a los nueve meses de edad con varicela, otro a la edad de veintiséis (se había quedado paralizado de cintura para abajo durante once años a causa de un accidente en la escuela secundaria) y el otro a los diecinueve años, ahogado en el río. Era consciente de lo que significaba sufrir y sabía que Dios la veía. En ese día todos nosotros estábamos alrededor de su cama del hospital, esperando, mirando, queriendo que acabara para dejar de sufrir.

Yo miraba a mi marido y le dije que quería ir a la capilla del hospital. Ambos rezamos y entonces, de repente, le dije que quería ir a casa para estar con mi niño. Él me miró como queriendo preguntarme la razón y en ese momento se abrió la puerta. Era la enfermera para decirnos que mamá había muerto en la operación.

Yo caminé directamente al cuarto del hospital y un calor moderado me rodeó inexplicablemente. Cuando llegué encontré un ambiente de paz, con la mirada sosegada en la cara de mi madre y el cuarto lleno de ángeles. Nunca he tenido dudas de esa visión y nunca la tendré. Yo les sentía a mi alrededor como si ellos estuvieran esperando algo.

Los ángeles tomaron a mi madre para llevarla ante Dios a las 12:20 p. m. y en ese momento escuché en mi interior un mensaje de Él, que me aseguraba que no estaría sola. Al día siguiente fui a ver al sacerdote y le conté todo, las buenas y las malas noticias. Las malas eran que mamá había fallecido y las buenas que había visto cómo los ángeles de Dios se la habían llevado. Ésta es una historia verdadera, quizá no una historia triste, pero ocurrió realmente.

Mi hijo, mi ángel

El año pasado yo estaba embarazada con mi primer hijo. Mi marido y yo estábamos eufóricos con la llegada de nuestro primer bebé. En ese momento íbamos a comprar una nueva casa y trabajábamos duro, muy duro, para lograr nuestras metas, como hacen la mayoría de las parejas. Estábamos tan entusiasmados con el embarazo que decidimos que el sexo del bebé fuera una sorpresa hasta el día del nacimiento. Todos nos aseguraban que sería una niña, pues se basaban en cuentos de viejas, pero yo no tenía ninguna pista segura acerca del sexo. En el quinto mes del embarazo tuve un sueño con un par de botines azules y me desperté a la mañana siguiente convencida de que era un muchacho. Por eso decidí que se llamaría Richard Anthony y convencí a mi marido de que sería un niño. Mi padre apostó con nosotros a que era una niña y, obviamente, perdió.

En este momento tenía muchos problemas con algunos de mis familiares, sobre todo con mi hermana y mi madre. Nos habíamos peleado por las decisiones que se habían tomado relativas a los padrinos de mi hijo, que realmente me molestaron. Desde que me quedé embarazada, habíamos empezado hablando de cuando en cuando con ellos sobre el tema sin ponernos de acuerdo.

En la primera semana del séptimo mes empecé a sentirme mal. Era de noche y mi marido estaba dormido. Cada minuto que pasaba me sentía peor y decidí ir a tomar una ducha y ver si me aliviaba. Cuando salí del baño mi marido se despertó y me preguntó qué pasaba, justo cuando acababa de marearme. Él encendió la luz y me dijo que tenía mala cara.

Decidimos ir al hospital, pues era viernes por la tarde y no queríamos esperar hasta el lunes. Lo curioso es que yo no me sentía tan mal como para ir al hospital, solamente rara.

Cuando llegamos yo debía tener una cara bastante horrible, peor de lo que me imaginaba, pues me llevaron inmediatamente a urgencias.

Las enfermeras llamaron a mi doctor y empezaron a realizarme una serie de pruebas. El monitor fetal indicó un latido del corazón muy fuerte que, por supuesto, era mi preocupación principal. Después de algunas pruebas, los doctores descubrieron que tenía septicemia, una infección generalizada en la sangre. El problema era que esa infección podía afectar al corazón y matarme en apenas uno o dos días como máximo. También averiguaron que el bebé tenía la misma infección y que al parecer yo estaba goteando líquido amniótico desde hacía tres semanas, y ahora lo habían detectado en mi orina.

Después de ser analizada por varios neonatólogos y otros doctores, todos decidieron que la única manera de salvar mi vida era inducir el parto, pero la probabilidad de que el niño sobreviviera era menos del 5 por 100. Reteniendo al bebé todo era una incógnita, mi vida y la del niño, y aunque mi marido quería salvarme a mí, por supuesto, yo quería salvar al bebé.

En esos momentos mis padres, hermana y algunos amigos íntimos, estaban presentes. Todos intentaban convencerme para que provocase el parto prematuro, pero yo no quería ni oír hablar de ello. Estaba dispuesta a morir para dar la vida al niño y súbitamente mi corazón se detuvo. Todo lo que yo recuerdo era una visión de lo que nosotros consideramos es el ángel de la guarda, con sus alas bonitas abiertas, en pie y rodeado por una luz resplandeciente que nos daba calor a mí y a mi hijo. Mi marido me contó que la vida regresó a mí y que poco después mi bebé nació, aunque apenas vivió unos minutos.

Yo extendí la mano y le pedí a la enfermera que me diera a mi hijo Richard Anthony. Ella me preguntó cómo sabía que era un muchacho, y contesté que un ángel me dijo que era así y que yo tenía que dejarle ir al cielo, pues su propósito en esta vida había sido completado.

Los días y semanas que siguieron no solamente me dejaron en un estado anémico severo, sino que estaba deprimida e intentaba descubrir qué clase de prueba tan triste era la que el destino me había ocasionado. Ahora creo que el propósito de Richard Anthony era traer la paz a mi vida de nuevo y creo que lo ha conseguido. Mi hermana y yo compartimos una mejor relación, y mis padres llevan visitándome frecuentemente desde hace meses.

Mi marido y yo nos llevamos mejor que antes y es lógico que piense que este ángel trajo paz a mi vida. Ahora he tenido un sueño donde me veo embarazada y lo tengo que admitir como un mensaje de que ello es posible. Por eso estoy considerando probar de nuevo el próximo año.

Yo vi a mi ángel

Hâce dos o tres años había estado rezando a Jesús para que me permitiera ver a un ángel. Estaba entusiasmada con la idea y esperé ese momento intensamente. ¿Se realizaría el encuentro en la calle? ¿Llamaría a la puerta con una figura humana? Los días fueron pasando con gran ilusión, pero poco a poco me empecé a sentir un poco decepcionada. Llegué a la conclusión de que Jesús no quería que yo viera uno, y puesto que dependía de Él nada podía hacer.

Un día, entré en el baño y me senté en el inodoro. Pensé sobre mi sueño no realizado de ver un ángel y lo poco que podía hacer para conseguirlo. Miraba fijamente el suelo mientras estaba pensando y ¡entonces vi al ángel! Salió de la pared y su cara quedó muy cerca de la mía. Maravillada, vi sus intensos ojos que me miraban. Ambos nos miramos fijamente durante unos momentos, y entonces el ángel se fue.

No podría decir si el ángel era un hombre o mujer, pero creo que eso no tiene importancia. El ángel llevaba una larga túnica fluida con un velo encima de la cabeza y la tela tenía pliegues. Estuvo completamente quieto y nunca me olvidaré de la intensa mirada de amor y esos ojos negros que representaban la paz y la alegría.

Ángeles alrededor de mí

Durante una tarde de verano, un trueno súbito seguido de una tormenta de rayos me sorprendió en mi casa. Yo estaba pelando patatas y miraba la tormenta por la ventana de la cocina, desde donde podía ver la torre de la iglesia. Cuando estaba mirando vi un rayo que cayó sobre la torre del campanario y llamé a un amigo para que advirtiera al pastor, mientras yo llamaba a los bomberos. Luego salí corriendo hacia la iglesia.

Cuando llegué era el primero y vi las llamas que salían de la ventana y comenzaban a subir hacia el tejado de la iglesia. Atravesé las puertas delanteras y corrí al santuario. Estaba lleno de humo, mientras que el tejado entero estaba ardiendo y los trozos caían al suelo incendiando rápidamente la alfombra. En la parte de atrás de la iglesia encontré reliquias y cálices que recogí rápidamente antes de salir. En ese momento llegaron el pastor y algunos parroquianos.

Los bomberos actuaron con rapidez y despejaron el lugar. Yo estaba preocupado por la cruz grande de latón, la Biblia y el libro de estudio del pastor en el podio. Me sentía agobiado por el deseo de recuperar estos artículos preciosos para nuestra iglesia. Aunque los bomberos nos sacaron a todos de la iglesia, en un descuido corrí descalzo para tratar de recuperar estos artículos preciosos. Tomé la Biblia, que era sumamente pesada, bajo un brazo y la Cruz, que era aún más pesada, bajo el otro, volviendo atrás para encontrar un lugar seguro, pero no pude moverme. Sentía como si alguien me estuviera empujando hacia atrás, sujetando mis pies para que no los moviera. Podía ver al pastor en la parte de atrás de la iglesia, y a los bomberos que me hacían señas con los brazos para que corriera, pero no conseguí moverme.

En ese momento un pedazo del tejado se cayó al suelo justo delante de mí. Las llamas estaban ardiendo intensamente en ese trozo del tejado caído, y tuve que apartarme para que no me quemaran. Salté encima del tejado caído, incluso con mi pesada carga, y corrí abajo hacia donde estaban los demás. Llegué llorando y convulsionado, pero contento por recuperar las cosas más preciosas de la iglesia, aunque perdimos el santuario.

El domingo siguiente realizamos la misa fuera de la iglesia. El pastor cantó una canción que había escrito sobre el fuego que había consumido nuestra iglesia, hablando de los santos y ángeles que me habían ayudado y protegido para que yo pudiera recuperar esos artículos preciosos. Era la canción más bonita que había oído en la vida, aunque le dije que no era necesario. Volvió a insistir en que esa canción estaba dedicada especialmente a los ángeles y a mí, pues entre todos conseguimos el milagro.

Luego me explicó que él había visto a todos ellos alrededor de mí mientras estaba llevando la cruz y la Biblia, y dijo que dos ángeles me sostuvieron por las piernas mientras que otros dos lo hicieron por los brazos para impedirme correr. También dijo que les vio escudándome de las llamas, uno delante y otro detrás. Después, dos ángeles me alzaron literalmente por los brazos para que las llamas no me alcanzaran y entre todos me llevaron con la gente. Yo no vi los ángeles, solamente los percibí, sentí su presencia.

Después de que la iglesia fue restaurada, el pastor me regaló su Biblia de estudio. Han pasado veinte años desde este acontecimiento, el pastor ha seguido con su ministerio y yo con mi trabajo. Mi Biblia y yo hemos luchado por evitar que las personas caigan en las verjas ardientes del infierno y aunque sigo sin ver a mi ángel guardián veo sus trabajos y sé que están ahí, mirando por mi familia y por mí, protegiéndonos.

Protección del peligro

Una tarde, cuando tenía doce años, mis padres habían salido y me encargaron que cuidara de mi hermano de seis años. Al poco de marcharse se desató una tormenta y mi hermano, que estaba mirando por la ventana, dijo que había un espíritu malo por la casa. No sé si eran ilusiones de mi mente lo que me hizo ver aquello, pero lo cierto es que al mirar en esa dirección vi una figura etérea que daba una vuelta por la casa. Sin embargo, no estaba asustado y mi hermano tampoco. Salimos fuera y en ese momento dejó de llover y el viento se calmó. La figura que yo vi tenía el pelo castaño, era alto y fuerte. De raza blanca y se parecía mucho al Jesús de los cuadros, pero igualmente podría ser un ángel. En las enseñanzas de la escuela nos hablaban mucho de los ángeles, por lo que estaba familiarizado con ellos en esa época. Después de aproximadamente una hora, regresamos a la casa y nos acostamos.

Cuando mis padres llegaron a casa, me despertaron y preguntaron si yo había estado jugando con fósforos. Les dije que no tenía, pero no les conté la visión que habíamos tenido. Mi padre estaba muy enfadado y me dijo que había visto una figura de cera con alfileres en el armario y con señales de haber sido quemada. Les expliqué que no sabía lo que podría haber ocurrido y aproveché para contarles el suceso, aunque no me creyeron.

Al día siguiente fui a visitar a un amigo y le conté esta historia, pero no me creyó y se rió. Yo me olvidé de esa conversación y del ángel hasta que un día mi hermano pequeño me la volvió a recordar y me explicó con todo detalle lo mismo que yo había visto. Estaba todavía un poco asustado, pero ahora estoy seguro de que hay alguien siempre a nuestro alrededor que nos cuida, aunque no sé si se trata de un ángel o un espíritu.

Ángeles que miran encima de mí

A los siete años me diagnosticaron una afección reumática y me ingresaron en el hospital. Allí estuve durante casi dos años, pues existía un problema respiratorio importante. Los doctores y enfermeras no tenían muchas esperanzas de curarme, aunque cuando ya casi me dieron por muerto aparecieron ante mí unos ángeles rodeados por una luz luminosa y empezaron a hablarme. Realmente les podía ver y oír. Me dijeron que me despertara, pues todavía no era el momento de ir con ellos, y rápidamente ascendieron y se fueron en medio de una luz intensa. Cuando la luz se hizo aún más resplandeciente, salí del pozo de la muerte y volví a la vida gradualmente.

Cuando desperté había una gran actividad a mi alrededor. Mis padres estaban llorando allí con los doctores y enfermeras que me atendían y les explicaron que en un futuro no podría tener hijos, salvo que me operase en la adolescencia, e incluso que mi vida correría de nuevo peligro.

Ahora tengo treinta y seis años y cuatro hermosos hijos con buena salud. Padezco una enfermedad del corazón y recientemente me han operado. Nunca he mencionado antes esta historia a nadie por temor a que no me creyeran, pero debo hacerlo porque estoy convencida que hay ángeles que miran encima de mí.

Begonia florida

Yo perdí a mi madre de cáncer. Era su hija más joven y la cuidé durante su larga enfermedad. Era muy doloroso verla sufriendo durante tanto tiempo.

Mi madre siempre fue una persona amante del campo, que cuidaba sus rosas con esmero, consiguiendo que florecieran a lo largo de todo el año en su patio. También tenía plantas en casa y me dijo que las cuidara durante su enfermedad, porque ella ya no podía hacerlo. El problema era que nunca he tenido buena mano para lo verde y había una planta que se la había dado el marido de mi hermana mayor y que no conseguía mantenerla fuerte. Mi madre me dijo que esta planta era una begonia y se suponía que florecería, pero nunca lo hizo.

Yo le pedí a Dios que le proporcionara a mi madre un final feliz, pues ya había sufrido bastante. A los pocos días Él contestó a mis plegarias y cuando supe que ella estaba en un lugar mejor, seguramente en el Cielo, me sentí tranquila.

Meses después yo estaba en casa de unos amigos y leía un libro que había sobre las plantas. Aprendí que la planta se llamaba en realidad begonia ala de ángel y esbocé una plegaria. En el mes de julio, por fin, floreció por vez primera, justo el día del cumpleaños de mi madre. Desde entonces, he conservado todas sus plantas y se están poniendo muy hermosas. Ahora también tengo un jardín de rosas en la parte de atrás de mi patio y creo que mi madre me ha legado su buena mano para las plantas, aunque creo que ella es mi ángel que siempre mira encima de mí. Su begonia ala de ángel florece cada año.

Beso del ángel

Tengo veinte años. Una noche, cuando tenía cinco años, mi madre me acostó en la cama como siempre y se marchó. Yo estaba solo en el cuarto y estaba intentando dormir. De repente, sentí que alguien me daba un beso en la mejilla. Me figuré que era mi madre o la abuela que habría entrado en el cuarto para darme las buenas noches, por lo que no abrí los ojos. A la mañana siguiente, les dije que me había dado cuenta del beso, pero ninguna de ellas había entrado en mi cuarto después de la primera vez. Para mí, la única posible explicación de ese beso era que un ángel había entrado para besarme y darme las buenas noches. Desde entonces creo que los ángeles tienen un amor especial por los niños, y siempre que yo estoy en presencia de un niño siento que hay ángeles mirando encima de ellos.

¿Ángel o enfermera?

Cuando tenía diecisiete años me fui a vivir con mis abuelos durante mi primer año de universidad. Toda nuestra familia son militares y casi todos nos tenemos que mudar al mismo tiempo.

Un día que habíamos tenido en casa una visita con motivo de una fiesta, mi abuelo fue a llamar a un amigo y a los pocos minutos un vecino estaba golpeando en la puerta. Abrí en seguida y me dijo que mi abuelo había tenido un accidente y estaba ingresado en urgencias. En cuanto volvió mi abuela de ver a una amiga supo que algo malo pasaba. Todos fuimos al hospital y algunas mujeres se pusieron a llorar histéricamente, aunque intenté tranquilizarlas.

Una vez que llegamos a la habitación, todo era un caos absoluto. El cuarto estaba lleno de doctores y enfermeras, y uno de ellos me estaba explicando el problema de salud de mi abuelo, aunque la confusión era grande. Después de unos minutos traté de hablar con mi abuela y la vi con un hombre de pantalones y camisa blancas sosteniendo su mano y acariciándola. Él le había dado un paño y le estaba diciendo que Dios cuidaría de mi abuelo. Ella parecía más calmada y pidió ver a mi abuelo. Cuando mi abuelo salió en una camilla de ruedas hacia cirugía, vi al hombre que todavía sostenía la mano de mi abuela y la acariciaba, mientras le estaba diciendo algo.

Nosotros fuimos a sentarnos en la sala de espera y una vez allí todos se quedaron callados y yo empecé a expresar mi preocupación. Totalmente tranquila, mi abuela dijo: «Ese enfermero me dijo que el abuelo se pondría bien. Dios está mirando por él y me ha asegurado que todo saldrá bien. No tenemos nada de qué preocuparnos.» Ciertamente la cara de mi abuela reflejaba una paz absoluta, tan convencida estaba de que todo iba a salir bien.

Efectivamente, mi abuelo salió restablecido de la operación y sentí curiosidad por hablar con ese enfermero tan profético. Se lo describí al doctor, a las enfermeras y a los cuidadores, pero nadie parecía conocerlo, al menos según la descripción que yo les aportaba. Hay muchas veces en la vida de mi abuelo en las cuales los doctores se han equivocado en su tratamiento, pero obviamente en ninguna de ellas había estado un ángel presente analizando la operación. Desde ese día estoy seguro que Dios continúa enviando a sus ángeles a velar por mi familia.

Amigos elevados

Mi historia realmente no es tan espectacular y tan grande como algunas otras, pero es completamente verdad. Un día, mientras iba de regreso a mi casa, después de una agotadora jornada laboral, mis piernas se bloquearon y sentí que me caía. Estaba tan cansado que no podía dar un nuevo paso y mi preocupación mayor era que aún me faltaba medio camino y que la noche se acercaba. Le pedí a Dios que me ayudara (¿quién no le implora en momentos similares?), o al menos que aliviara mis dolores. Después de unos minutos empecé a notar mis piernas más ligeras, como si alguien estuviera sosteniéndome bajo sus brazos, y apenas percibía el peso de mi cuerpo. En cuanto conseguí llegar a mi casa el peso real retornó y me permitió tumbarme en la cama a descansar. Dios realmente supo lo que estaba haciendo cuando dio alas a los ángeles.

Un verdadero milagro

Mi madre estaba conduciendo el nuevo vehículo todoterreno para permitir a mi padre descansar, pero se durmió al tomar una curva. Su automóvil se salió de la carretera y ella se despertó en medio de una gran llamarada y un traqueteo intenso. Mi padre y ella consiguieron salir fuera, y su asombro fue mayúsculo cuando vieron que el automóvil había aterrizado en un vado sin recibir un solo arañazo. Ella y mi padre estaban absolutamente ilesos, por lo que dieron las gracias a Dios y sus ángeles por haberles salvado de la muerte.

Una vida cambiada

Aquí está mi historia de hace cinco años relativa al ángel que me encontré y que cambió para siempre mi vida.

Yo estaba viviendo con mi madre, pero un día ella decidió marcharse de mi lado por una fuerte disputa entre ambas. Yo me sentía ya lo suficientemente madura como para pasar sin verla, pero un día me armé de valor y la llamé a su casa de Tennessee. Desde entonces nos hemos vuelto a ver frecuentemente y somos grandes amigas.

Pero hace un año mi soledad se me hizo inaguantable y decidí suicidarme cortándome las muñecas con una cuchilla. En ese momento noté la presencia de alguien en el cuarto y al poco tiempo estaba yo deteniendo la hemorragia y serenando mi espíritu. Después llamé a mi madre, le conté que estaba un poco triste (no le hablé de mi locura) y ahora las llamadas telefónicas son frecuentes y ya no me encuentro deprimida.

La luz deslumbrante

Mi vida matrimonial era infeliz, además de ser incapaz de funcionar adecuadamente como madre e incluso creo que mi trabajo era un desastre. Después de estar muy enferma y dejar de trabajar durante casi dos semanas, volví al trabajo. Me sentía deprimida y contemplé el suicidio como una buena opción.

Una noche estaba sola y analizaba la idea de la muerte como el camino hacia la libertad. Estaba llorando en mi alcoba oscura, en medio de una desesperación profunda, cuando oí una brisa de viento. Abrí los ojos y fui deslumbrada por una luz. Un sentimiento de paz y calor me envolvió, a pesar de la fría temperatura de la habitación. Yo pestañeé, cerré los ojos de nuevo y los abrí inmediatamente cuando sentí la brisa inundando mi cuerpo. Pálida y temerosa, no encontré nada en mi habitación que explicara el suceso.

Mis dificultades no acabaron, pues mi marido debía acudir a luchar a la guerra del Golfo y eso hizo que me quedara sola con mis dos niños pequeños y una deuda grande ocasionada por un antiguo accidente de automóvil, además de las secuelas físicas que me obligaron a permanecer en el hospital casi tres meses. Durante este tiempo mi matrimonio finalmente quedó completamente disuelto y no cruzamos ninguna carta o llamada telefónica.

Sin embargo, todavía podía enfrentarme a las labores diarias con cierta energía, aunque con un miedo terrible por el futuro. Los días siguientes observé la presencia de una figura en mi dormitorio y ahora creo que era un ángel que con sus visitas me alentaba a seguir viviendo y luchar por salir adelante. Ahora, he conseguido recuperar mi felicidad y por eso he creído que debía contar mi caso para ayudar a otras personas.

Alzada por un ángel

Soy cristiana y creo en los ángeles. Soy madre de tres niños y ahora estoy realmente convencida que era un ángel quien impidió que mi hija pequeña muriera cuando cayó por la escalera cuando tenía sólo dos años. Una mañana, hace cinco años, Justin, mi segundo hijo que tenía entonces tres años y medio, la empujó escalera abajo. La niña se cayó y rodó bruscamente hacia abajo. Me quedé aterrada y me sentí paralizada, aunque tuve fuerzas para gritar a mi suegra que estaba en la cocina en ese momento. Afortunadamente, la niña se levantó inmediatamente de la caída y pudo incluso sentarse allí mismo, en el suelo. Unos segundos antes, pude ver cómo un ángel la había recogido cuando empezaba a rodar y la había depositado suavemente al final de la escalera. Apenas podía creer lo que veían mis ojos: mi hija estaba sentada riéndose, como si no hubiera ocurrido nada. Ni una lágrima brotó de sus ojos, aunque sí en los míos.

La fuerza dijo: «¡Detente!»

No soy una persona que rece, pero me crié católico y a menudo escuché historias sobre los ángeles. Mi historia sucedió recientemente en el estacionamiento de un pequeño albergue situado en mi urbanización. Estaba dando marcha atrás en mi espacio para aparcar, y debo asegurar que siempre soy diligente en esta maniobra tan delicada y verifico la vista trasera y los laterales. En ese momento percibí una presencia poderosa. La fuerza estaba diciéndome que detuviera el vehículo, pues había alguien detrás. Hice caso de esa señal y miré por los retrovisores, aunque aparentemente no había nada ni nadie detrás. Continué con la maniobra y de nuevo sentí esa fuerza que me decía que me detuviera, que le obedeciera. Esperé un rato y al pronto vi aparecer por el espejo lateral a un muchacho pequeño, de unos tres años de edad, que salía por detrás de mi vehículo y caminaba despacio jugando. El temblor que me invadió de pensar lo que hubiera sucedido si mi ángel guardián no hubiera intervenido, se cambió inmediatamente en un suspiro de alivio y felicidad.

Ángel a la tumba

En 1985, mi madre falleció de cáncer. Ella vivía en Nueva York y todos sus hijos vivíamos en Florida. Cuando se puso enferma vino a Florida para estar cerca de nosotros y aquí murió. Realizamos un funeral aquí, pero el entierro fue en Nueva York, al que no pudimos asistir.

En 1991, decidí ir a ponerla flores y una cinta con nuestro agradecimiento, pues era el momento de acudir a su tumba por vez primera. Mis tres hermanas y yo fuimos al cementerio de Nueva York, pero cuando llegamos no pudimos encontrar su tumba aunque estábamos en el lugar correcto. Mentalmente, efectuamos una llamada: «Mamá, ¿dónde estás?», pero ninguna respuesta llegó y tuvimos que seguir dando vueltas en esa mañana fría de enero.

Un hombre se bajó de un automóvil negro grande y nos preguntó si necesitábamos alguna ayuda. Le dijimos lo que estaba pasando y que llevábamos mucho tiempo tratando de encontrar la tumba de nuestra madre. Cuando le dijimos su nombre nos indicó con el dedo un lugar lejano y nos dijo que la encontraríamos allí. Efectivamente, estaba en lo cierto. Cuando nos dimos la vuelta para agradecerle su precisa ayuda no encontramos rastro de él ni de su automóvil, pues no había ninguna huella de neumáticos en la nieve. Estoy segura que era un ángel, pues nadie que vista tan bien y conduzca un coche tan caro podría trabajar allí como guarda. Nunca me olvidaré de ese día y nunca me olvidaré de ese ángel.

El automóvil pasó por encima

Esto pasó hace mucho tiempo, pero yo todavía recuerdo la experiencia como si fuera ayer. Íbamos en coche cinco personas a los albergues donde se estudiaba la Biblia, entre ellas una mujer. Solíamos acudir a fin de ofrecer nuestros servicios parar limpiar, servir, etc. Yo estaba en el asiento de la parte de atrás detrás del chófer disfrutando de nuestro largo paseo y todos nos sentíamos muy entusiasmados hablando, y a menudo irrumpíamos con canciones espirituales de alegría y alabanza a Dios. Nuestro destino estaba cerca y habíamos alcanzado el camino que bordea la granja donde nos esperaban nuestros amigos. Entonces ocurrió el suceso.

Era de día y aunque viajábamos por un camino rural no estaba en mal estado. Avanzábamos alegremente, y vimos la señal que indicaba un puente en la misma dirección en la que íbamos. Bruscamente, apareció ante nosotros un enorme Ford de cuatro puertas, tan rápidamente que no nos daba tiempo a detenernos. Todos los que viajábamos nos quedamos mudos, pues en una fracción de segundo comprendimos que el pequeño puente era demasiado estrecho como para permitir el paso simultáneo de los dos vehículos. El otro automóvil no se había detenido y nosotros no podíamos hacerlo ya.

Al ir yo detrás del chófer tenía una buena visión de lo que aparecía delante. Increíblemente, los dos coches avanzaron uno hacia el otro mientras el sonido de los frenos nos llegaba nítidamente a los oídos. En el momento del choque el otro automóvil pasó por en medio de nosotros, tal como haría un vehículo fantasma. Tanto se metió en nuestro coche que pude ver al conductor, un chico joven, tan asustado como nosotros. Por fin, los frenos detuvieron el coche y con nuestros corazones aún golpeando en nuestro pecho salimos al exterior, solamente para ver alejarse al Ford tan rápidamente como había llegado. Un suceso así es imposible olvidarlo en la vida, aunque ya no tenemos dudas de que los milagros existen.

LOS ÁNGELES CAÍDOS
(DEMONIOS)

Conclusión bíblica

Estos seres, debido a su orgullo, no devolvieron el amor de Dios. Dios no los destruyó y les permitió un alcance limitado de su actividad. Su condición es permanente, pues ninguna criatura puede rechazar el don divino de la inmortalidad sin pagar las consecuencias y ninguna reflexión adicional podría cambiar la mente de un ser completamente espiritual que ha rechazado estar con Dios.

«El Maligno»

La importancia del asunto sobre el «Maligno» es mayor de lo que la mayoría de las personas pueden imaginar. Es frecuente pensar en ello sin darle mucha importancia o, peor aún, sin tener conocimientos sobre el tema. También hemos leído que su presencia no es fiable, incluso por personas que se denominan como estudiosos de la Biblia.

Pero la primera razón para entender la misión de Cristo entre la Humanidad, y uno de los aspectos primarios para sostener la importancia de su presencia terrenal, es precisamente el Diablo. Según la mayoría de los escritores, la presencia de Dios en la Tierra fue precisamente para destruir los trabajos del Diablo y, aunque esto sea algo contradictorio y difícil de entender, por la naturaleza común del hombre, a través de su muerte le podría destruir. Por consiguiente, el objetivo vital de Cristo no era redimir a la Humanidad, sino destruir al Maligno.

Ángeles, demonios y Satanás

La humanidad vive en un mundo físico, tangible y material que es influido por el mundo invisible y espiritual que está alrededor de nosotros. Este mundo espiritual es así tan real en nuestros días como era cuando Jesús caminó en la tierra hace 2.000 años. De cuando en cuando se revelan sus misterios a través del Viejo y Nuevo Testamento, en donde también podemos aprender objetivamente sobre los ángeles, los demonios y el propio Satanás. Tristemente, muchos se han informado mal sobre éstos, sobre todo aquellos que se dedican a su culto, pues están convencidos de que hay una gran necesidad de comunicarse con este espíritu demoníaco.

Su capacidad para hacer daño

Éstas son sus principales argucias para confundir y efectuar su maldad entre nosotros:

1. TENTACIÓN
   Se refiere a la manipulación por la cual el demonio persuade a los hombres al pecado, con el objeto de condenarles. Ésta es la forma más habitual para

obligarnos a pecar y desobedecer a Dios, pues al ser la más sutil es la que menos nos pone en alerta. El Demonio no puede obligarnos a pecar, pero puede engañarnos, confundirnos y presionarnos, haciéndonos creer que las consecuencias de nuestras malas acciones no se volverán contra nosotros.

Su mayor engaño es, precisamente, hacernos creer que no existe.

2. ASEDIO

Ciertamente no nos deja en paz, pues nos cerca y nos provoca miedo. También pone a nuestro alrededor los tesoros que proporcionan las malas acciones, a las personas que nos empujan a que efectuemos la maldad como un sistema válido para ser felices y, en suma, a inculcarnos el temor a Dios en lugar del amor.

3. POSESIÓN

No es tan frecuente como lo fue en la antigüedad, cuando el hombre estaba dominado por las herejías y la inquisición, pero aún hoy se realizan numerosas posesiones, aunque sin necesidad de episodios espectaculares.

4. OBSESIÓN

Nos hace creer que Dios no existe y, paradójicamente, que el infierno es una obra suya y por tanto es un ser maligno. Nos impide que analicemos la razón de nuestra existencia, nos nubla el raciocinio y nos impulsa a que reneguemos de la religión y hasta de nuestra alma.

Cambios en la oración

Es importante tener en cuenta la sensible alteración en la oración al Señor, el Padrenuestro, en la versión revisada de la Biblia. La petición final hace un llamamiento así: «Líbranos del Mal», cuando en realidad debería decir: «Líbranos del Maligno», por lo que consideramos que la traducción es injustificable. En algunos casos en que se han traducido textos bíblicos sencillos es razonable que el conocimiento del revisor de los usos y modismos de la lengua griega alterase sensiblemente los textos para hacerlos más comprensibles a los nuevos fieles. Pero el problema es que sus traducciones con frecuencia no se ajustan a los propósitos reales de los profetas e inclinan la balanza de las peticiones hacia lugares poco fiables.

Esto es justamente el caso presente y se muestra rodeado de incongruencias, pues aunque en apariencia han alterado la oración original para hacerla más amplia, han excluido al Diablo como el causante de todos los males terrenos, delegando esa responsabilidad exclusivamente en la Humanidad. Por supuesto, ya sabemos que no han empleado la palabra «Maligno» tal como quedó escrito en las cartas romanas, y una de las muchas pruebas que podemos aportar es el empleo de la cursiva para dejar como poco definida esa expresión.

La respuesta que nos han dado es que a menudo se necesita completar la expresión del sentido de la palabra original, pues la estructura de los idiomas griego y hebreo es tan diferente a los idiomas actuales latinos que traducir palabra por palabra es imposible. Por eso se emplean a menudo palabras adicionales para completar la expresión de una idea que en el original sólo se indica con una palabra.

En la mayoría de los casos la necesidad para las palabras adicionales es tan evidente que las palabras agregadas pueden formar parte legítima de la traducción y no necesitan ninguna explicación o comillas. En otros casos, sin embargo, hay lugar para la duda, y, por consiguiente, la regla a seguir que se adopta es poner en cursiva aquellas palabras que una vez traducidas no tiene ningún término correspondiente en el original.

Pero en el caso de la oración y de la palabra «Maligno», hasta las autoridades más altas difieren. Hay tanto peso de aprendizaje a causa de la vieja traducción «líbranos del mal», que ahora nadie está seguro de nada. Los más reformistas alegan que si se emplea la frase «líbranos del mal» tal como ahora lo hacemos, estamos descargando la culpa de los males a sus ejecutantes, la Humanidad, con lo cual les decimos que tienen la opción para hacer el bien o el mal, y esta opción es responsabilidad suya. Pero si se emplease tal como parece la explicó Jesús, delegaríamos en Satanás toda la responsabilidad de nuestros actos y así podríamos efectuar toda clase de maldades sin sentirnos culpables por ellas.

¿Quién es el Diablo?

La pregunta que deberíamos hacernos debería ser: ¿qué es el Diablo?, o mejor: ¿quién es el Maligno?.

No puede haber ninguna duda de que la concepción popular del Diablo es principalmente debida al trabajo de Milton *(El Paraíso Perdido)*, pero cuando nosotros buscamos evidencias escritas que apoyen su teoría, siempre acabamos ojeando varias partes de la Biblia en las cuales pueden encontrarse argumentos que complementan a Milton. Si nosotros los leemos con libertad, sin opiniones condicionadas y sin tener en cuenta lugares y ambientes, encontraremos esos textos como muy útiles y clarificadores. Pero si los juzgamos por sus contextos no encontraremos nada que nos afirme ni nos aclare rotundamente nuestras dudas. De hecho, tanto la Biblia como los textos de Milton vienen a decir lo mismo, que es justamente lo que dice la teoría popular del Maligno, incluso de manera más eficaz que todos esos textos.

La palabra Diablo proviene del griego Diábolos, a su vez traducida del latín Diabulus, y se refiere a criaturas y espíritus malignos que pueden influir negativamente en el comportamiento humano. Todas las religiones tienen sus propios diablos: en el islam se le conoce como Shaytans y en el hinduismo como Asuras. Aunque menos populares, también existen diablesas, siendo descritas en el budismo como Mara, las cuales son la representación del mal en el más puro sentido.

En el Antiguo Testamento se emplea el nombre de Satán, aunque posteriormente ya solamente encontramos la palabra Diablo, el cual puede asumir formas humanas o animales para tentar a los hombres.

Belcebú

Del griego Beelzebul, es el príncipe de los demonios y el equivalente a Satán, posiblemente relacionado con el señor de las moscas o Baal-zebud, o con el dios Ekron.

Radulfus

Anteriormente era un Magus de la Casa Tytalus y un miembro de la primera encarnación del Templo de Severn, pero con el tiempo se volvió sumamente hostil, tomando parte en los asuntos sucios, hasta que finalmente salió de allí. Las circunstancias de su salida provocaron una gran preocupación, aunque se le pudo ver frecuentemente en un área cercana, declarándosele como maligno en el Tribunal de 1080.

Desde entonces se le ha visto un par de veces alrededor del Templo de Severn y se le atribuye la destrucción del pueblo de Lydney con sus mágicos poderes, llegando a adoptar ya la imagen de un demonio. Después adoptó la figura de un sacerdote cuando estaban reconstruyendo Lydney y, aunque simulaba estar construyendo una iglesia, era solamente apariencia. En la batalla que siguió a su descubrimiento, Radulfus fue obligado a huir de su forma física después que fuera abatido de un disparo por Bryhtnoth. Sin embargo, sus artes diabólicas han vuelto y ahora sabemos que tiene una forma humanoide con una cola armada con púas largas y cuernos en la cabeza.

Satanás o Satán

Se trata del ángel díscolo e instigador del mal en el Cielo, hasta el punto en que tuvo que ser expulsado de allí, estableciéndose ya por los siglos de los siglos en el Infierno. Ahora ya sabemos que Satán, o Lucifer, es un ser maligno, tentador, mentiroso y la causa de todos nuestros males, lo que nos deja poco margen para asumir nuestros propios errores y responsabilidades.

Se dice que tiene poderes extraordinarios y que ni siquiera Dios le puede vencer y que su morada se encuentra en la atmósfera interior, en el seno de la tierra, sin que sepamos la causa por la cual no eligió vivir en un planeta o nube.

Indudablemente el Infierno es un lugar de dolor, calor y atroces tormentos, al cual van todas aquellas personas que han preferido hacer caso a Satán en lugar de a Dios. Aunque la presencia de tan horrible lugar ha estado en entredicho en numerosas ocasiones, su máximo dirigente, el Demonio, ha sido confirmado incluso por los papas modernos, e incluso por los teólogos imparciales. Si es cierto que el universo ha sido creado por un ente racional y que todo funciona en perfecto orden, lógicamente deberemos admitir que todo en esta vida tienen el polo opuesto, sin el cual no existiría equilibrio. El Yin y el Yang, las dos caras de una moneda, la luz y la oscuridad, lo negativo y lo positivo, lo femenino y lo masculino, son algunos de los ejemplos de esta dualidad que debe existir en la creación para que todo funcione correctamente y tenga sentido.

Por eso, y admitiendo que el Diablo tiene que existir por fuerza, tendremos a un serio enemigo de los hombres, pero también de los ángeles e incluso del mismo Dios. Aunque en el inicio (?) era también un ángel, algo le hizo rebelarse contra Dios (parece ser que fue porque no admitió inclinarse ante Adán) y pasar a convertirse en algo tan maquiavélico como lo conocemos ahora. Hay numerosos textos religiosos que afirman que el Diablo se fortalece con las maldades de la Humanidad y que su presencia está ligada al tan temido Apocalipsis, el momento en que todo comenzará a vivir la eternidad, ese concepto imposible de explicar.

Peter

En realidad se trata de un duende que parece tener solamente seis o siete años, con ojos azules y pelo rubio. Cuando era niño tenía una naturaleza dulce, se reía con frecuencia y repartía sonrisas, pero cuando se convirtió en maligno podía infligir un dolor terrible.

Sus víctimas preferidas han sido los novicios y los monaguillos, pues tiene una gran habilidad para mentir y engañar a las personas. La verdadera forma de Peter es también humanoide, pequeño, de piel roja, alas a la espalda, cuernos cortos y cola.

El Infierno

La palabra original es Sheol en hebreo y Hades en griego, pero ambas hacen mención a un lugar al cual van todos los muertos que han sido malvados en la vida terrenal. Aunque en un principio se le asoció como un lugar de sufrimiento eterno, ahora se trata más bien de hablar de él como aquel sitio en el cual van a vivir eternamente aquellas personas que se han apartado de Dios o cuya conducta ha sido maligna para los demás.

Indudablemente, si existe lo bueno y lo malo, lo justo y lo injusto, debería existir un lugar al cual fueran a parar todas aquellas personas que han causado daño a los demás, pues de no ser así estaríamos aceptando que la maldad y la bondad son lo mismo, y que al Creador le dejan indiferente.

Lo razonable es que pensemos que todos nuestros actos tienen que tener una consecuencia, en esta vida también, y que no es una casualidad o simplemente una norma de convivencia que todas las civilizaciones nos hablen de un lugar en donde habrá que purgar nuestros pecados. Sé que para muchos es mejor pensar que todo esto del Infierno son patrañas o inventos, pero por si acaso yo recomendaría prudencia en nuestros actos y buen comportamiento.

Otros ángeles malignos

Là doctrina que habla sobre los demonios malignos en el mundo es tan cierta como la doctrina sobre los espíritus buenos que están con nosotros. Que hay un ángel malo al que ahora le llamamos el Demonio es ya sabido, lo mismo que sabemos que es una persona real con inteligencia y habilidad y que ejerce todos los atributos de su personalidad maléfica. No es meramente una personificación del mal como algunos enseñan, pues ello provocaría varias posiciones indeseables e insostenibles, ya que antes fue un ángel bueno, poderoso e inteligente.

De no admitir la existencia del Diablo estaríamos atacando la credibilidad del propio Cristo, del Espíritu Santo y de Dios, así como la palabra que él inspiró. La doctrina de la salvación también quedaría minimizada, puesto que de tener tanto poder ningún hombre podría salvarse de él.

Las Sagradas Escrituras nos dicen que Jesús estaba dispuesto para destruir a Satanás y sus trabajos, o al menos que reduciría el alcance de su poder. A estas alturas y aunque parece todo lo contrario, casi nadie puede negar la presencia de Satanás entre nosotros y por ello cada niño debe ser consciente de su presencia y prepararse para resistir sus malas influencias.

La pregunta que se hacen, tanto los creyentes como los incrédulos, es: «¿Si todo esto es cierto, de dónde vino Satanás y qué tipo de poder ejerce hoy?»

Cuando nosotros consideramos el origen de Satanás hay dos posibles explicaciones: o él es tan eterno como Dios o ha sido creado. La primera posición es claramente insostenible, pues si la Biblia dice que solamente Dios tiene la inmortalidad, Él es el único ser que habita desde la eternidad.

El nombre Satanás quiere decir adversario en hebreo y acusador en griego, lo que es completamente opuesto al carácter de Dios. Satanás también se llama «el dios de este mundo», aunque nadie le convalidaría el nombre de dios, no tanto por su maldad como por la ausencia de inmortalidad.

Si ya parece admitido que Satanás ha sido creado, de nuevo hay dos alternativas: o Dios creó un ser malo o a sus criaturas les dio la oportunidad de escoger entre el bien o el mal. Si consideramos la primera posibilidad, aparecen dos problemas distintos: ¿Cómo podría traer un Dios benévolo intencionalmente al mundo un ser de semejante naturaleza diabólica si su obra debía estar hecha a imagen y semejanza suya? Si, según hemos leído en el Génesis (1:31), Él dijo que había creado cosas muy buenas, tendremos que aceptar que Satanás fue creado como un ser bueno.

Cuando llegamos a esa última conclusión, dos nuevas posibilidades se presentan: o Satanás todavía es un ángel bueno o es que algo ha salido mal en la Creación. La Biblia asegura que Satanás es malo y se le menciona como enemigo, padre de mentiras, malvado, príncipe de la oscuridad, tentador, serpiente vieja y dragón que escupe fuego. Estos y otros títulos similares le han definido como el gran enemigo de Dios y del hombre.

La conclusión es que la Biblia no hace ningún esfuerzo para explicar el origen y propósito de Satanás. En algunos pasajes nos dicen que se rebeló y que por ello cayó en desgracia, pero esta explicación es demasiado pobre y carente de toda lógica. Una vez que desafió a Dios nos explican que fue la cabeza del reino de la oscuridad y que allí se acoge a todos los seres humanos malos. Después nos cuentan que Dios envió a la Tierra a su hijo Jesús para que destruyera a Satanás y su trabajo, empleando para lograrlo el sacrificio en la Cruz.

En la actualidad sabemos que a Satanás se llega a través del pecado, aunque también es necesario renegar simultáneamente de Dios.

¿Qué dice la Biblia sobre los ángeles malignos?

Para la mayoría de los creyentes, los demonios son una verdad de fe y no una creencia antigua. Les consideran ángeles caídos que siguieron a Lucifer, «El Príncipe de las Tinieblas», cuando éste traicionó a Dios. Lucifer, era el más bello y poderoso de los ángeles que había en el Cielo, el que sería la mano derecha del Creador una vez finalizado el proceso de la creación.

Sin embargo, la soberbia y la envidia, dos pecados capitales que nublan frecuentemente la mente de las personas, le hicieron creer que podría evitar a Dios y alcanzar la felicidad eterna sin su ayuda. Ante esta traición, Dios le condenó al por entonces inexistente Fuego Eterno, lo opuesto a la Felicidad, lugar que no existía hasta entonces en sus planes universales. Con Satanás (Lucifer) se fueron grandes cantidades de ángeles que igualmente estaban convencidos de que iban a ser felices sin Dios. Al poco tiempo, el sufrimiento y el remordimiento por lo que perdieron y la desesperación por no poder regresar (el castigo era eterno, tanto como para los pecadores) les llevaron a encontrar un modo de vengarse. Actuando contra el hombre, la máxima creación de Dios, se vengarían de Él y conseguirían no estar solos en su lugar de sufrimiento y castigo.

A pesar de que Jesús llegó para redimirnos y librarnos de Satanás, su presencia sigue entre nosotros, lo mismo que su poder para dañarnos. Aunque su procedencia sigue siendo angélica y por tanto superior a la del Hombre, sigue contando con sus opositores, los propios ángeles benignos que antes compartían con él el Cielo. Pero no debemos olvidar que sus poderes son inmensos y que cuenta con la experiencia de miles de siglos, por lo que su capacidad para sabotear la obra de Dios es muy importante y eficaz.

Parece cierto que algunos de los ángeles que pecaron hace tiempo han estado limitados en su poder y han permanecido ocultos. También sabemos que Dios no les perdonó cuando pecaron y los envió a los infiernos o a unos oscuros calabozos en donde permanecerán hasta que sean sometidos a juicio.

Estos ángeles rebeldes no conservaron sus posiciones de autoridad y una vez que abandonaron los cielos tuvieron que encontrar refugio en lugares oscuros, llevando una existencia limitada con cadenas eternas hasta el día del Juicio Final.

Exorcismo

«Ellos realizaron sacrificios a demonios que no son dioses, a ángeles desconocidos y a dioses modernos que ni siquiera habían demostrado su divinidad u omnipotencia.»

«Ellos sacrificaron a sus hijos e hijas a los ángeles malignos.»

Miles de demonios agrupados dentro de una persona pidieron a Jesús:

«Si nos expulsas de aquí, nos convertirás en una manada de cerdos.»

«Él llamó a sus doce discípulos y les dio autoridad para expulsar a los espíritus malos y a sanar cada enfermedad.»

Algunas personas consideran esto como exorcismo, aunque debemos recordar que una cruz de madera o el agua bendita nunca deben ser usadas para expulsar a los demonios de una persona.

Algunos espíritus (demonios) son peores que otros

«Entonces llamó a otros siete espíritus peores que él, y todos entraron y se quedaron allí. Eso trajo una nueva generación de personas malignas.»

Jesús expulsó a los demonios o ángeles malos

Las personas estaban tan asombradas que preguntaron: «¿Qué es esto?» «Una persona que sabe enseñar y que tiene autoridad —le contestaron—. Él incluso da órdenes a los espíritus malos y ellos le obedecen.»

Jesús expulsó a los demonios del Cielo

«Si yo expulso fuera a los demonios en nombre de Dios, entonces el reino de Dios quedará libre.»

Los demonios saben que Jesús es el Hijo de Dios

Siempre que los espíritus malos le veían se postraban ante Él y clamaban: «Eres el Hijo de Dios.»

Los ángeles malos pueden hablar a través de una persona y aunque algunos podrían denominar esto como el comienzo de la Nueva Era, es más probable que sea el final. Los devotos del ángel de la guarda necesitan saber qué pasajes de las Sagradas Escrituras se refieren a un espíritu que está hablando a través de una persona.

Un jugador afortunado podría estar poseído por un espíritu demoníaco

«Una vez, cuando nosotros íbamos a la iglesia, fuimos interceptados por una muchacha que sabíamos estaba poseída por un espíritu que le permitía predecir el futuro. Ella ganaba mucho dinero con sus predicciones y permitía que otras personas se hicieran igualmente ricas. Esta muchacha nos siguió gritando: "¡Estos hombres son sirvientes de Dios y quieren que yo me libere de ti, espíritu maligno!" Ella siguió interceptándonos durante varios días y gritando lo mismo. Finalmente, mi compañero Paul se puso muy enfadado y dándose la vuelta dijo al espíritu: "Yo te ordeno que salgas de ella en el nombre de Jesucristo!" En ese momento el espíritu la dejó. Cuando las personas que utilizaban a la muchacha para enriquecerse comprendieron que su esperanza de seguir ganando dinero se había terminado, la abandonaron y robaron sus pertenencias.

Cuando el espíritu demoníaco fue expulsado de esa muchacha, sus poderes especiales para predecir el futuro desaparecieron igualmente y las fortunas acumuladas por las otras personas se perdieron con rapidez a causa de malas inversiones.»

María Magdalena tenía siete demonios en ella antes de que apareciera Jesús

Cuando Jesús salió temprano en el primer día de la semana, fue a visitar primero a María Magdalena, pues quería expulsar a los siete demonios.

Y también algunas mujeres que habían sido curadas de espíritus malos y enfermedades, le explicaron lo bien que se sentían desde entonces.

Los espíritus malos pueden atormentar a las personas

Las muchedumbres también recogieron de los pueblos alrededor de Jerusalén a los enfermos y personas atormentadas por los espíritus malos, y todos ellos fueron sanados.

Los ángeles malos confundieron a las gentes

El resto de la Humanidad que todavía no fue aniquilada por estas plagas, no se arrepintió de sus malas acciones y construyeron ídolos de oro, plata, bronce, piedra y madera para adorar a los demonios, a aquellos que no podían ver, oír o caminar.

Espíritus malos en la visión de Juan parecidos a ranas

Entonces yo vi tres espíritus malos que parecían ranas; ellos salieron de la boca del dragón, fuera de la boca de la bestia y fuera de la boca del profeta falso, aunque esto no significa que una rana sea un demonio.

Los demonios pueden realizar milagros

Ellos son espíritus malignos que realizan señales milagrosas, y se presentan ante los reyes del mundo entero para lograr ejércitos que luchen contra Dios en el Gran Día.

Aunque los demonios pueden producir milagros, no todo los espíritus son malignos. Los peores son aquellos que nos engañan y que intentan llevarnos por el mal camino.

La Biblia dice claramente que algunos abandonarán la fe y seguirán a los espíritus engañosos y aprenderán las cosas enseñadas por los demonios.

Hay muchas maneras en las que los demonios pueden engañar a las personas, pero las más comunes forman parte de nuestras costumbres.

La Biblia dice sobre Satanás

El diablo tiene una meta general para usted, su familia y amigos: condenarle.

Esté alerta siempre y controle sus sentimientos. Su enemigo, el diablo, ronda a su alrededor como un león rugiendo que busca a alguien para devorar.

Prevención:

1. Nosotros debemos autocontrolarnos.
2. Nosotros debemos estar alertas a sus argucias y engaños.
3. No dé una oportunidad al diablo para tentarlo o llevarlo lejos de Dios.
4. No intente ponerse en contacto con él.

Satanás tentó a Jesús citando las Escrituras que mencionaban a los ángeles

«Si eres el Hijo de Dios, dijo, tírate abajo.» Y Jesús le respondió: «Está escrito: Él ordenará a sus ángeles que le alcen con sus manos para que no se golpee contra las piedras.»

El diablo puede citar las Sagradas Escrituras, pues cualquier perturbando necesita conocer bien a su enemigo para tratar de vencerle. Ahora también hay muchos maestros falsos que engañan a las personas de buena fe. Por consiguiente, nosotros debemos leer solamente textos fiables que no saquen a las palabras de su contexto. Para lograr esto debemos considerar los versos antes y después del verso en cuestión. También, al intentar llegar a la interpretación apropiada de las Escrituras, debemos considerar todos los versos relacionados con un asunto dado.

Satanás puede transformarse y aparecerse como un ángel

No es difícil, pues anteriormente el propio Satanás era un ángel de luz y esto explica las muchas visiones que dicen tener sobre los ángeles los mormones, católicos y adventistas. Lo difícil de estos mensajes y apariciones es encontrar las contradicciones que nos muestren el engaño. En otras palabras, las visiones de los mormones contradicen las visiones de los católicos, que también contradicen las visiones de los adventistas. Pero dado que Dios no cambia, parece imposible equivocarse, pues la fuente de estas visiones tiene que estar ligada a Dios, especialmente cuando el mensaje no está escrito.

Si incluso un ángel del cielo declarara un mensaje de salvación diferente del encontrado en las Sagradas Escrituras, este ángel no sólo está equivocado sino que puede hacernos daño. Por eso, aun cuando un ángel del cielo predique cosas diferentes al evangelio, no deberemos hacerle caso y seguramente será castigado por ello eternamente.

El final de Satanás es el tormento eterno

Y el diablo que los engañó fue expulsado a un lago de azufre ardiente, donde moraba la bestia y el falso profeta. Ellos se atormentarán día y noche, para siempre jamás.

Se preparó fuego eterno más allá de las tumbas para el diablo y sus ángeles.

Entonces Él dirá a aquellos situados en su izquierda: «Marcharos de mí, los malditos, al fuego eterno preparado para el diablo y sus ángeles.»

El mismo fuego que abrasará al diablo y sus ángeles también atormentará a las personas que se mueren con un espíritu perdido. Hay quien cree en la reencarnación, pero la última autoridad en todas las materias espirituales es Jesús, que nos enseñó que hay un juicio y una vida después de la muerte, además del reino de los cielos o el fuego eterno, pero no la reencarnación. Tampoco hay Purgatorio o lugar de arrepentimiento del malo, según Jesús. Él enseñó que existen sólo dos caminos, dos verjas, dos destinos y dos grupos de personas.

Pero hay maestros falsos, espíritus engañosos, visiones y sueños del diablo, milagros realizados por demonios, etc., por lo que nos aconsejan que no creamos en cada espíritu, pues hay que comprobar que proviene de Dios, porque muchos profetas falsos han entrado en este mundo.

Aclaraciones del Papa Juan Pablo II

• **Sobre el Cielo:**

La fe nos enseña que al final de la existencia terrena quienes han escogido a Dios en sus vidas y se han abierto a su amor, gozarán de la plena comunión con Él en el Cielo. Pero el Cielo, descrito con tantas imágenes, no es una abstracción ni un lugar físico en las nubes, sino una relación viva y personal con Dios.

• **Sobre el Infierno:**

El hombre puede rechazar el amor y el perdón de Dios, privándose de la gozosa comunión con Él. Esta trágica condición es lo que se llama condenación o Infierno. Las imágenes de la Biblia deben ser correctamente interpretadas. Más que un lugar, el Infierno es una situación de quien se aparta de modo libre y definitivo de Dios.

• **El Purgatorio:**

El hombre tiene ante sí dos perspectivas últimas: o vive con el Señor en la bienaventuranza eterna o queda apartado para siempre de su presencia. Los que terminan su vida terrena en una apertura a Dios, pero de modo aún imperfecto, necesitan una purificación. Esto es lo que la fe enseña mediante la doctrina sobre el Purgatorio.

● **Sobre Satanás:**

El mal moral provoca sufrimiento. En la Biblia la súplica dirigida a Dios va acompañada por el reconocimiento del pecado. Jesús mismo desde la cruz reza al Padre, encarnando la expectativa de liberación del mal. Nosotros creemos que Jesús ha vencido definitivamente a Satanás y nos ha liberado de su temor.

«El Arcángel Miguel batalla contra las Fuerzas Oscuras y crea un camino de luz para abrir la puerta que lleva al primer nivel, que es el Palacio del Cielo, dentro de sus otras muchas mansiones.»

EL PODER DE LOS ÁNGELES MALIGNOS

Como si se tratase de una legión de pequeños demonios, los ángeles malignos parecen estar entre nosotros y operan esencialmente a través de la mente de los hombres. Afortunadamente, ellos están limitados en el mismo grado que lo están los ángeles buenos.

El hombre ha perpetrado grandes males contra sus compañeros debido a la influencia de los espíritus malignos. En la última parte de la Edad Oscura se pensó que una persona podría realizar un contrato con Satanás y podría adquirir así poderes sobrenaturales. La base de este contrato era que la persona que lo aceptase tendría que depositar su alma al morir y entregarla al infierno.

Ahora sabemos que esta idea era errónea y que por este motivo se persiguió a muchas personas por brujería, hechicería y pactos con el demonio. Se les acusó de crear tormentas, diluvios, destruir casas y anular vidas que estaban ya irremediablemente perdidas por una enfermedad. También se les acusó de la peste, la guerra, el hambre y hasta del adulterio, con lo cual ser infiel dejó de ser un problema, ya que el culpable siempre era algún vecino molesto poseído por el demonio.

Incluso muchos hombres considerados sabios cayeron en el mismo error y con sus afirmaciones confundieron aún más a la población. Como consecuencia de ello muchos hombres, mujeres y niños perdieron sus vidas por los medios más crueles. Éstos eran los verdaderos espíritus malignos, y no esos seres poseídos por un espíritu imaginario.

Posesión maligna

Durante la vida de Cristo y después de Él, Dios permitió una mayor libertad de trabajo a Satanás y sus ángeles. Permitió a los demonios poseer a las personas, aunque ya sabemos que se clasificó erróneamente como poseídas a personas locas y a mujeres jóvenes que gustaban de los placeres del sexo. Las posesiones demoníacas a veces afectaban al cuerpo, otras a la mente, y a veces a cuerpo y mente.

Después llegaron los exorcistas, quienes si no conseguían expulsar al demonio de esos infelices recomendaban encerrarlos de por vida o, simplemente, sacrificarlos «por su bien». Sin embargo, en los últimos años hemos asistido a una disminución dramática en las posesiones demoníacas. O los exorcistas han trabajado duro y bien, o los demonios han escogido otros cuerpos menos problemáticos, como pudieran ser los inspectores de Hacienda.

Parece ser que Dios permitió las posesiones demoníacas para mostrar el alto poder de Satanás y su superioridad con respecto al hombre e incluso a los ángeles, algo que ya había mencionado Jesús cuando hablaba con los fariseos.

Los milagros eran la confirmación temporal, provisional, y nunca algo natural. Se realizaron solamente con el propósito de confirmar la palabra de Dios y, una vez que esto había sido cumplido y se estableció el poder de Dios encima de Satanás en las Sagradas Escrituras, los milagros cesaron, e incluso la mayoría de las posesiones del demonio.

Hoy Satanás no ha podido efectuar ninguna nueva posesión, aunque ello no quiere decir que la influencia satánica dentro del mundo ya no exista. Sin embargo, su poder se ha limitado a ser de naturaleza influyente y solamente puede tentar y sugerir sutilmente.

¿El Diablo, entre nosotros?

En noviembre de 1996 el arzobispo Emmanuel Milingo, durante el Congreso Internacional por la Paz Mundial, dijo que: «Ahora la tercera dimensión del mal es mucho más peligrosa. Es más sutil y terrible.»

Milingo, que fue antiguo arzobispo de Lusaka, Zambia, y exorcista oficial, añadió: «El diablo en la Iglesia católica está ahora tan protegido por el gobierno que es imposible capturarlo o matarlo, puesto que los exorcistas, sus cazadores, están perseguidos por la ley humana y se les encierra en la cárcel. Ahora hay hombres, sacerdotes y obispos, que son seguidores de Satán y he podido ver el humo del Diablo en el templo de Dios.»

Con posterioridad a estas asombrosas declaraciones la prensa católica norteamericana se refería a Milingo como «una vieja boca grande» que estaba ya al borde de la locura.

¿Qué es el Cielo?

La Biblia lo menciona como algo que está por encima de la Tierra y, dado que en la antigüedad la posibilidad de surcar los aires o llegar hasta las estrellas era algo teóricamente imposible, se eligió el firmamento como lugar para el Cielo. Con ello vino la idea de implorar siempre hacia arriba, de levantar las manos pidiendo ayuda o piedad, o de levantar monumentos verticalmente, pues se trataba de llegar un poco más cerca de la morada de Dios.

Ahora sabemos que la expresión «encima de la Tierra» fue tomada como algo literal en su momento, cuando en realidad los creyentes solamente querían hablar de algo divino, algo que estaba más allá de nuestro alcance. Por eso se habla de «alcanzar» el cielo más que de «llegar», puesto que se alcanza algo mediante multitud de oportunidades o sistemas, nunca físicos; mientras que para llegar se emplean métodos físicos, lo que es imposible cuando hablamos del Cielo.

La palabra cielo, según Isaías, se aplicaba al rey de Babilonia, un personaje comparable a una estrella luminosa, y que se escribía como shamayim (shaw-mah'yim), que en singular es shameh (shaw-meh). El término quiere decir «alto», por lo que en seguida se cambió por «arriba», aludiendo quizá al arco visible en el cual se mueven las nubes, así como al éter más alto donde están los cuerpos celestiales.

Otros escritos nos hablan de una guerra (ya vemos que nadie, ni siquiera Dios, ha estado libre de peleas) en la morada de Dios y que Satanás fue expulsado hasta la Tierra, explicándose que esa morada era un lugar de felicidad y eternidad, aunque todavía no se empleaba el término cielo para simplificar.

Después tuvieron que pasar algunos siglos hasta que Jesús comenzase a referirse ya al cielo como morada divina, pues explicó a sus discípulos que había visto a Satanás caer a la Tierra como un relámpago desde el Cielo.

El problema es que la Biblia habla del Cielo como de un lugar seguro, un lugar en donde quien entra deja fuera sus problemas y tristezas. Nos dicen que Dios estará con ellos en el Cielo y no habrá ninguna muerte, dolor, sufrimiento o lágrima allí, lo que supone una tranquilidad para quienes tratan de alcanzar ese premio. Sin embargo, si antes hubo ángeles que pecaron y escogieron pelear con su Creador, ¿cómo pueden hablar de un lugar seguro? Si pudo pasar una vez, ¿cómo podemos asegurarnos que nunca pasará de nuevo? Obviamente, el significado que algunos han dado al pasaje no es el más correcto.

El alma

Algunos escritores definen el alma como el principio de la vida orgánica y que no tiene existencia propia, cesando con la vida del cuerpo. Según esta teoría puramente materialista, el alma es un efecto y no una causa. Otros consideran el alma como el principio de la inteligencia, el agente universal del que cada ser absorbe una porción. Según ellos, hay, en el universo entero, solamente un alma que distribuye chispas de sí misma entre todos los seres inteligentes durante su vida. Cada chispa, después de la muerte del ser que ha animado, vuelve a la fuente común y se mezcla de nuevo con todo en general, como los arroyos y ríos cuando vuelven al océano donde fueron generados. También, y según otra hipótesis, el alma universal es Dios, y cada ser es una porción de la Divinidad.

Según otros, de nuevo, el alma es un ser moral, distinto, independiente de la materia, y que conserva su individualidad después de la muerte. Esta definición de la palabra alma es la que generalmente es aceptada porque, bajo un nombre u otro, la idea de un ser que sobrevive al cuerpo se encuentra como una creencia instintiva, y es independiente de toda enseñanza. Esta doctrina, según la cual el alma es una causa, y no un efecto, es lo que defienden los espiritualistas.

Sin discutir el valor de estas opiniones, y meramente bajo su aspecto filológico, podemos deducir que estas tres aplicaciones de la palabra alma constituyen tres ideas distintas, cada una de las cuales exige un término diferente. «Alma» tiene, por consiguiente, un significado triple, que es empleado por cada escuela según el significado especial que se atribuye a esa palabra.

Para evitar la confusión originada por el uso de la misma palabra para expresar tres ideas diferentes, sería necesario confinar la palabra a una de estas tres ideas; algo que no importaría con tal de que la opción fuera entendida claramente. Una buena solución es tomarlo como algo natural y aceptar la idea común de que la palabra Alma indica un ser inmaterial e individual que reside en nosotros y sobrevive al cuerpo. Aun cuando este ser no exista y sea realmente un producto de la imaginación, nos valdría para definirlo.

Lo que está claro es que necesitamos definir ese término para poder hablar sobre cualquier idea en la que se mencione la palabra alma y con la cual queramos definir el principio vital que se diferencia de la vida material y orgánica, cualquiera que sea su origen. Si la vida puede existir sin la facultad del pensamiento, ese principio vital sería algo distinto e independiente de él. Es evidente que, siendo empleado según las diferentes aceptaciones, el término alma no excluye el materialismo o el panteísmo.

Nosotros también podríamos evitar la confusión, incluso mientras empleamos la palabra alma en los tres sentidos que la definen, agregando a él algún término calificativo que especifique el punto de vista que nosotros consideramos, o el modo en el que lo aplicamos. Sería, en ese caso, una palabra genérica, representando los principios de vida inmaterial, de inteligencia y de las facultades morales. Así nosotros podríamos decir la palabra alma cuando quisiéramos hablar del principio de la vida material: el alma intelectual para el principio de inteligencia y alma espiritual para el principio de nuestra individualidad después de la muerte. Solamente falta una conclusión: puesto que el alma intelectual es exclusiva de los hombres también lo sería el alma espiritual.

Conjuro de los espíritus buenos

Oh ustedes, los ángeles gloriosos y benévolos, Urzla,
Zlar, Larzod y Arzal, yo les invoco.
Les imploro a que realicen una aparición visible
en nombre de Dios,
A que me proporcionen virtudes eficaces y poder
para lograr mis deseos.
Ahora, por consiguiente, seriamente y poderosamente
les imploro,
Oh ustedes los ángeles benignos Urzla, Zlar, Larzod y
Arzal, en el nombre de Dios,

Para que me muestren la piedra de cristal (o espejo) aquí,
ante mí.
Y que a través del mismo transmitan su rayo a mi
vista y su voz a mis orejas para que pueda oírlos y me
proporcionen todos los misterios que les imploro
seriamente.
Oh ángeles benévolos y amigables, yo como sirviente
del más alto les invoco para que se hagan visibles ahora
ante mí eficazmente.
Oh ustedes sirvientes de misericordia, vengan y
muéstrense ante mí y permítanme compartir la sabiduría
confidencial de su creador. Amén.

Satanás y los ángeles caídos

Frecuentemente se menciona en la Biblia a Satanás y
los otros ángeles caídos, también conocidos como
Demonios o espíritus sucios. Ciertamente hay muchas
ideas populares sobre estos espíritus malos, pues algunos
piensan que Satanás y sus demonios no son reales, pues
son más bien personificaciones de la maldad que mora
en el mundo. Otros admiten la existencia de estos espíritus malos, pero presumen de que están escondidos en los
hoyos ardientes de un infierno eterno. Finalmente, otros
creen que estos seres sucios están libres y promueven la
maldad activamente en nuestro mundo de hoy. ¿Cuál es
la verdad? ¿Qué dice la Biblia sobre estos ángeles
malos?

La palabra de Dios enseña claramente la realidad de
Satanás y los Demonios. Ellos se presentan como entida-
des malas que afectan a la humanidad por sus acciones.
Los detalles sobre ellos están disponibles en la Biblia, pero

los hechos son distribuidos a lo largo del texto de tal manera que hay que investigar diligentemente y estudiar para lograr una comprensión rudimentaria.

La mayoría de la confusión sobre Satanás y los ángeles caídos viene de una comprensión incompleta de lo que la Biblia revela. Mirando los textos bíblicos, vemos lo que inicialmente parece ser una contradicción. Durante su ministerio, Cristo encontró frecuentemente estos ángeles malignos y en los Evangelios se le menciona expulsándolos de varias personas. Las Escrituras también hablan de demonios que están en prisión, encadenados en la oscuridad, esperando el día del Juicio Final.

Primero, examinemos lo que la Biblia revela sobre el origen de Satanás y los demonios:

Ezequiel 28:12

Así dice el Señor Dios: «Eras un ser perfecto, lleno de sabiduría y belleza. Estabas en el Edén, el jardín de Dios; tu techo estaba adornado con piedras preciosas, topacios y diamantes, berilos, ónices y jaspe, zafiros, turquesas y esmeraldas con oro. Se te dotó de una gran habilidad desde el mismo día que fuiste creado y un querubín te ungió con bálsamo de vida. Te dejé en la montaña santa y pudiste caminar de un lado a otro en medio de las piedras ardientes. Eras perfecto desde el mismo día en que fuiste creado, hasta que la iniquidad entró en tu alma. Por la abundancia de bienes me desobedeciste y te llenaste de violencia y de pecado. Por consiguiente yo te expulsé como una cosa profana en la montaña sagrada y destruí el lugar donde estuviste.»

Lucas 10:17

Entonces los setenta volvieron con alegría y dijeron: «Señor, incluso los demonios están sujetos a nosotros en Tu nombre. Hemos visto a Satanás caerse como un relámpago del cielo.»

Leyendo las Sagradas Escrituras, nosotros podemos aprender varias cosas sobre Satanás y los ángeles caídos. Al principio, fue creado como un rey mago, un ángel hermoso y poderoso. Él era al parecer uno de los dos querubines que cubrían el asiento de la misericordia en el trono de Dios con sus alas. Sin embargo, debido al orgullo de su belleza, la sabiduría de este querubín se adulteró.

Satanás es mencionado simbólicamente como «el rey de Tyre» (Ezequiel 28:12), una ciudad costera que era uno de los mayores puertos comerciales del mundo. Isaías llamaba a Tyre como el mayor mercado del mundo adonde acudían príncipes y comerciantes.

Aunque las Sagradas Escrituras no definen el comercio en el cual estaba comprometido Satanás, nos dicen claramente que, debido a la abundancia de su comercio, él pecó. Posiblemente Satanás llevó a cabo un sistema de competición en lugar de cooperación y ocasionó con ello violencia e iniquidad.

La palabra «comercio», en la traducción de Ezequiel 28:16, proviene del nombre hebreo que significa «tráfico» o «mercancía», mientras que en el Nuevo Testamento este ángel caído se denomina a menudo como el diablo o el diábolo, siendo el significado literal de la palabra: «el calumniador».

Es posible que a través de la «calumnia» y «la chismografía», Satanás se convirtiera en un opositor de Dios. Nosotros sabemos que Satanás probó este acercamiento en el Jardín de Edén, cuando él falseó los deseos de Eva. Las fuerzas angélicas fieles a Dios tuvieron que unirse para expulsarlo del Cielo y posteriormente fue conocido con la palabra hebrea Ha-Satanás, o «el Adversario».

Contrariamente a la opinión popular, la Biblia revela que Satanás y algunos de sus ángeles no fueron confinados al infierno después de su expulsión inicial del cielo. De hecho, las referencias del Antiguo Testamento dicen que antes de la primera venida de Yeshua, el Mesías, Satanás y los ángeles malignos continuaron teniendo acceso al mismo trono de Dios.

Job 1:6

«Hubo un día, cuando los hijos de Dios vinieron a presentarse ante el Señor, que Satanás también vino entre ellos.»

Zacarías 3:1

«Entonces mostró a Joshua, el alto sacerdote que está de pie antes del ángel del Señor, y Satanás, que estaba de pie a su mano derecha, le acusó.»

El principal papel del diablo, como se demuestra anteriormente en Zacarías 3:1, era el de acusador de las personas de Dios. Sin embargo, cuando Cristo retornó triunfalmente al Cielo después de su crucifixión y resurrección, Satanás y sus demonios fueron expulsados una vez más, tal como nos describen en otros pasajes.

Revelación 12:7

«Ahora la guerra se levantó en el Cielo, y Miguel y sus ángeles lucharon contra el dragón; y el dragón y sus ángeles lucharon, pero ocho de ellos fueron derrotados y expulsados. La serpiente, que es llamada el Diablo y Satanás, el engañador del mundo entero, fue expulsada a la tierra, y sus ángeles se tiraron abajo con él.»

Algunos han creído incorrectamente que este pasaje se refiere a la expulsión inicial de Satanás del Cielo, pero en Revelación 12 indica que esta eyección del cielo persigue la primera venida de Cristo.

Yeshua, Jesús, sólo antes de su crucifixión, declaró que su triunfo en la cruz le permitiría expulsar a Satanás del Cielo.

Juan 12:31

«Ahora es el juicio de este mundo, ahora deben expulsar al gobernante de este mundo y cuando me alce sobre la tierra, atraeré a todos los hombres a mí.»

Cristo les dijo a sus discípulos que cuando Él regresara al Cielo después de su resurrección, el Padre enviaría a Su Espíritu Santo para enseñarles todas las cosas y traerles el recuerdo de todas las palabras que Él les había dicho (Juan 14:26). Pero además, Él advirtió de la venida de Satanás a la tierra después de su marcha.

Juan 14:30

«Yo ya no hablaré mucho contigo, Señor, pues el gobernante de este mundo está llegando.»

La Biblia nos demuestra que Dios acostumbra a emplear a los ángeles caídos para lograr ciertas tareas y realizar sus planes.

Entonces Micaiah dijo: «Yo vi al Señor sentado en su trono, y todo en el Cielo estaba organizado, unos a su derecha y otros a su izquierda. Entonces un ángel que estaba de pie ante el Señor dijo: "Yo les persuadiré." Y el Señor dijo: "¿De qué manera?" Le respondió: "Yo me marcharé y les avisaré que llegará un espíritu mentiroso a la boca de todos sus profetas." Y el Señor dijo: "Diles también que ese espíritu mentiroso les confundirá y ocasionará muchos desastres".»

Samuel 16:14

Ahora el espíritu bueno del Señor partió de Saúl, y un espíritu malo del Señor lo atormentó y los sirvientes de Saúl le dijeron: «Mira ahora, un espíritu malo de Dios está atormentándote. Permite que tus sirvientes busquen a un hombre que sea hábil tocando la lira y cuando el espíritu malo de Dios esté en ti, él la tocará y quedarás sano.» Y siempre que el espíritu malo de Dios estaba en Saúl, David tomaba la lira y la tocaba con su mano, para que Saúl sanara, y pronto el espíritu malo partió de él.

Samuel 18:10

Y en el día siguiente un espíritu malo se introdujo en Saúl, y él deliró dentro de su casa, mientras que David estaba tocando la lira. Saúl tenía una lanza en su mano y la lanzó porque pensó: «Atravesará a David en la pared», aunque David lo esquivó dos veces. Saúl tenía miedo de David, porque el Señor estaba con él, pero había salido de Saúl.

Samuel 19:9

·Entonces un ángel malo del Señor descubrió a Saúl cuando él estaba sentado en su casa con la lanza en su mano y David estaba tocando la lira. Saúl buscaba atravesar a David contra la pared con su lanza, pero nuevamente le esquivó y huyó.

El Nuevo Testamento menciona claramente varios casos donde los ángeles malos poseyeron y permanecieron en las casas de los seres humanos.

Marcos 7:25

Cuando oyó hablar de Él, una mujer, cuya hija pequeña estaba poseída por un ángel malvado, inmediatamente vino y se postró a sus pies. La mujer era una gentil, de raza sirofenicia, y le pidió que expulsara el demonio de su hija. Él estaba diciendo: «Deja que los niños sean satisfechos primero, porque no es bueno tomar el pan de los niños y tirarlo a los perros.» Pero ella contestó: «Sí, Señor, pero incluso los perros se alimentan debajo de la mesa con las migas de los niños.» Él contestó: «Debido a esta respuesta vete, pues el demonio ha salido de tu hija.» Y regresando a su casa, encontró a la niña en la cama durmiendo tranquila, pues el demonio había salido de ella.

Una historia

La lluvia fría había seguido cayendo desde esa mañana y había mantenido alejado a Bob de su trabajo en la construcción, aumentando su preocupación por su economía. La paga de ese día perdido era difícil de recuperar y su familia estaba teniendo problemas para que les suministrasen comida en las tiendas. La Navidad se acercaba y ese día su esposa y suegra, quien también vivía con ellos en esa pequeña casa, hacían la comida mientras los niños jugaban en la calle. ¿Y si este diluvio continúa mañana?

«¡La cena está lista!», gritó la esposa de Bob. Todos se dirigieron a la mesa y en ese momento se oyó un golpe en la puerta delantera. ¿Quién podría estar fuera con esta tormenta?

Bob abrió sólo un poco, pues no quería que entrase el aire frío. En el porche estaba de pie un hombre de unos cincuenta años, que llevaba un traje negro y sombrero. El agua corría por los bordes del sombrero y caía hacia la chaqueta ya saturada de agua. Sus zapatos estaban mojados. «¿Cómo puedo ayudarle?», le preguntó Bob.

A pesar de su apariencia arrugada, el extraño sonrió y dijo: «El Señor me dijo que debo hablar con usted», le respondió.

Bob frunció el entrecejo. ¿Era un hombre chalado? Ciertamente no debía invitarle a entrar, pero había algo en él que le hizo pensar en aquel posadero hace tantos siglos en Belén. Bob siempre se había preguntado si hubiera podido encontrar un cuarto para María y José en aquella época. Bueno, ahora no tenía una posada ni un hotel, pero su casa era calurosa. «Entre en mi casa, señor», le dijo mientras le franqueaba el paso. «Permítame tomar sus cosas húmedas y ponerlas a secar.»

El visitante se quitó el sombrero, y el niño mayor, Dan, le llevó a la cocina para que se calentase en la estufa. Bob le quiso quitar también la chaqueta para secársela, pero el invitado le dijo: «No, la pondré en el respaldo de la silla.»

La chaqueta empezó a gotear en el suelo de madera y más que preocuparse por el suelo pensó en lo mucho que ese hombre se había mojado.

La familia hizo sitio en la mesa para su visitante inesperado y compartieron su modesta comida con él. La conversación fluyó libremente y agradablemente, «pero nosotros no hablamos de nada específicamente religioso», recordaba Bob días después, «ni nuestro invitado nos dijo mucho sobre él». Todo parecía correcto en esa pequeña escena familiar, como si todos estuvieran compartiendo allí algo sublime y trascendental. Bob sentía en ese momento que todos sus problemas se solucionarían y que su trabajo mejoraría. Así como la comida se había estirado para incluir esa noche al extraño, el Señor estiraría los pobres recursos de su familia.

Cuando la comida acabó, el visitante se levantó. «Les agradezco a todos por esta cena maravillosa», dijo sonriendo. «Ahora tengo que seguir mi camino.»

El pequeño Dan tomó el sombrero, todavía bastante húmedo, y se lo dio. Bob recogió la chaqueta que estaba encima de la silla y la sostuvo cuando el hombre se dispuso a salir. Los dos caminaron juntos a la puerta, apretaron sus manos y en ese momento Bob se dio cuenta que la chaqueta estaba totalmente seca. El visitante partió en medio de la lluvia y Bob cerró la puerta tras él extrañado.

«¡No es posible que se haya podido secar en tan poco tiempo!», dijo. Abrió rápidamente la puerta y buscó con la mirada a su extraño visitante, pero no vio a nadie, lo que igualmente era imposible pues la calle era muy larga.

Cerró lentamente la puerta y comentó: «Pienso que hemos alimentado a un ángel.» Los días siguientes llegaron muchas bendiciones para la familia que perduraron largo tiempo.

Frases de la Biblia de especial interés

«Hágase en mí según tu Palabra.»

«Yo he venido para que tengan vida y la tengan en abundancia.»

«Y concibió por obra y gracia del Espíritu Santo.»

«Y el Verbo se hizo carne.»

«Bendita tú entre todas las mujeres y bendito el fruto de tu vientre.»

«Os anuncio una gran alegría, os ha nacido el Salvador.»

«Le envolvió en pañales y le acostó en un pesebre.»

«En verdad os digo: si no os hacéis como niños, no entraréis en el reino de los cielos.»

«Porque Herodes buscaba al Niño para matarle.»

«El dragón se detuvo delante de la mujer... para devorar a su hijo en cuanto naciera.»

«El Niño crecía y se fortalecía lleno de sabiduría, y la gracia de Dios estaba en Él.»

«Y al cabo de tres días le hallaron en el templo.»

«Del corazón humano provienen los malos pensamientos, los homicidios, los adulterios, las fornicaciones, los robos, los falsos testimonios, las blasfemias. Esto es lo que hace al hombre impuro.»

«Por eso dejará el hombre al padre y a la madre, y se unirá a la mujer, y serán los dos una misma cosa. De manera que ya no son dos, sino una sola carne.»

«Haced lo que Él os diga.»

«Vosotros seréis mis amigos si hacéis lo que os mando.»

«*Por esto sabemos que le conocemos, por esto guardamos sus mandamientos.*»

«*Entrad por la puerta estrecha, pues ancha y espaciosa es la senda que lleva a la perdición y son muchos los que por ella entran.*»

«*Ay de aquel que escandalice a uno de estos pequeños, más le valiera que le colgasen al cuello una rueda de molino y lo arrojasen al mar.*»

«*Jesús recorría ciudades y aldeas enseñando en sus sinagogas, predicando el evangelio del reino y curando de toda enfermedad y dolencia.*»

«*Su Madre estaba junto a la cruz de Jesús...*»

«*Si el grano de trigo no cae en la tierra y germina, no podrá dar fruto.*»

«*Mujer, ahí tienes a tu hijo.*»

«*Sed imitadores míos como yo lo soy de Cristo.*»

«*Mirad qué amor nos ha tenido el Padre para llamarnos hijos de Dios.*»

«*Por eso los entregó Dios a los deseos de su cuerpo, a la impureza con que deshonran sus propios cuerpos, pues cambiaron la verdad de Dios por la mentira y adoraron y sirvieron a la criatura en lugar del Criador (...), cometiendo torpezas y recibiendo en sí mismos el pago debido a su extravío.*»

«*Si habéis resucitado con Cristo, buscad las cosas de arriba, donde está Cristo.*»

«*Creced y multiplicaos. Llenad la tierra y sometedla.*»

«*No os inquietéis por vuestra vida, sobre qué comeréis... Buscad el reino de Dios y su justicia, y todo lo demás se os dará por añadidura.*»

«*Todo el que vive y cree en mí, no morirá jamás.*»

«*Padre, perdónales porque no saben lo que hacen.*»

«*Vino a los suyos, pero los suyos no le recibieron. Mas a cuantos le recibieron les dio poder de venir a ser hijos de Dios.*»

«*Yo para esto he venido al mundo, para dar testimonio de la verdad; todo el que desea la verdad oye mi voz.*»

«*Hay que obedecer a Dios antes que a los hombres.*»

«*Todos perseveraban unánimes en la oración, con María, la Madre de Jesús.*»

«*Os escribimos esto para que nuestro gozo sea completo.*»

LA INMORTALIDAD

Concepto

Para empezar a comprender el proceso de la creación de los ángeles, hay que establecer el concepto de su inmortalidad. ¿Por qué han sobrevivido? Cuando nacieron, ¿dónde habían estado antes? ¿Qué han visto y hecho durante tantos siglos? Para clarificar las cosas hay que pensar en una naturaleza fuerte, alguien que los maneja y controla, que los hace estar vivos siempre y que les otorga una misión. Los ángeles no envejecen, pero sin una labor que realizar no podrían sobrevivir.

Otros seres perversos

Se muestran como inmortales y dotados de una salud sobrehumana, son fuertes y rápidos, y también inteligentes y perceptivos. Casi siempre les reconocemos como atractivos y carismáticos, para que cuando se muestren ante los hombres parezcan superiores y dotados de los mejores atributos.

Nosotros no estamos solos ni somos diferentes entre nosotros, ni siquiera con los seres de la oscuridad o la luz. Hay otras criaturas sobrenaturales que usted se encontrará en el curso de su vida, algunas malvadas y otras bondadosas. Existen criaturas feroces, otras que cambian su aspecto a voluntad, así como aquellas que se involucran en animales, como los cuervos, gatos y muchos otros.

También existen otros que son igualmente mortales, que viven los mismos años que los humanos y se mueren por las mismas causas, aunque son mucho más robustos que los hombres y pueden curarse más rápidamente de sus enfermedades. Pero hay otros que pueden vivir con tal de que nosotros podamos, como es el caso de los vampiros, criaturas emparentadas con Satanás y que deben beber la sangre de los mortales para sobrevivir. Esta dependencia, no obstante, les permite vivir muchos siglos y no estar sujetos al envejecimiento.

Igualmente, existen magos que emplean la magia para cambiar la realidad con sus encantaciones y hechizos, fantasmas que poseen poderes, espíritus malignos de procedencia aún no clarificada y otras muchas cosas horribles que habitan desde siempre con nosotros. Los humanos los podemos encontrar súbitamente: cuando viajamos, cuando dormimos o cuando rezamos, da igual, y lo importante es saber combatirlos.

Ciertamente existe un Mundo de Oscuridad que nos rodea lleno de seres malvados, con muchos secretos que están ocultos para nosotros y que, parece ser, disponen de poderes superiores a la Humanidad, aunque finalmente son tan mortales como nosotros. Pueden vivir dos mil años, como es el caso de algunos vampiros, pero igualmente morirán, lo mismo que es mortal una bruja que ha sobrevivido al fuego y perece por una estaca. Simplemente recuerde que aunque consiga herir a uno de estos seres se recuperará de sus heridas sin cicatrices o lesiones permanentes.

La leyenda de los inmortales

«*¡Ah, muchacho! ¡No hagas tantas preguntas!, pues conseguirás tus respuestas a tiempo. Tendrás que aprender todo lo relativo a este mundo y a las criaturas que seguramente te encontrarás. Tendrás que aprender a vivir sin atraer atención hacia ti mismo, pues en el anonimato estará tu mejor defensa. Deberás aprender a esconder tu inmortalidad de las personas normales y, aunque yo te enseñaré todo lo que pueda, finalmente deberé dejarte y habrás de caminar en solitario resolviendo tus propios problemas.*

Pero la cosa más importante que deberás aprender es cómo luchar, pues no siempre podrás utilizar espadas o hachas, y en su lugar dispondrás de la sutileza, el engaño, la prudencia y la inteligencia. Nunca muestres tus armas al enemigo y, por el contrario, muéstrate indefenso ante sus ojos. Tendrás que aprender a usar una espada, pues hay épocas en las cuales es la única manera para defenderse, y es la única manera para derrotar a otro espíritu inmortal.»

(Texto de *La leyenda de los inmortales*.)

Lo inmortales pueden aparecer al azar entre la población humana. Uno en un millón, quizá menos. Nacen de humanos, se crían como humanos y la mayoría parecen humanos. Envejecen y viven una existencia normal, hasta que mueren por vez primera. Entonces, se recuperan milagrosamente y empiezan sus vidas como inmortales. No pueden tener hijos, no envejecen y no enferman. Por supuesto, tampoco pueden ahogarse o morir de cualquier lesión convencional, pues siempre se recuperarán, no importa lo severo que sea el daño.

La leyenda dice que en el momento en que el número de inmortales en el mundo sea pequeño, los inmortales restantes sentirán un impulso para viajar a otras tierras, donde lucharán hasta que solamente quede uno. El sobreviviente final ganará el premio, aunque nadie sabe en qué consiste exactamente, pero ganarlo es la meta de cada inmortal, pues pudiera ser que se convirtiera en un dios.

Volver a vivir es el poder de un inmortal. Es la «fuerza de vida», la quintaesencia, el «poder crudo», mágico, que otros seres poseen, como los demonios o los ángeles. Solamente cuando mueren sueltan su poder igualmente inmortal que, al igual que con el alma humana, pasará a otro ser.

Cuando un inmortal sale victorioso y mata a otro, absorbe su energía, aunque no puede aprovecharla en su totalidad por lo que el exceso lo suelta en el éter, donde puede ser recogida para otro cuerpo. La manera más común para encauzar su poder es mediante la electricidad, por lo que si queremos librarnos de alguno de ellos debemos estar alejados de cualquier fuente eléctrica o dispersarla, como cualquier aislante.

Los inmortales tienen reglas de compromiso y estas reglas son tradiciones con una base de sentido común, y todos los inmortales las siguen. Sus principios son tres: energía, ganancia y muerte. La Regla Dorada para ellos es que nunca deben luchar en tierra santa. Ninguno violará esta regla, porque le temen demasiado al ángel maligno que les controla.

Los vampiros son diferentes y ello se debe a que

posiblemente estos seres posean en su interior el alma de los ángeles díscolos, que deseosos de vivir con y como los humanos se mueven a nuestro alrededor durante la noche, el único momento que su condición maléfica les permite.

Ángeles o seres humanos inmortales

Un aliento eterno de vida es el nombre dado a esa llama que existe en su interior y que podría describirse como su fuerza de vida. Cada ser viviente tiene esta fuerza dentro de ellos, y los mantiene unidos, cura sus heridas y los hace permanecer vivos. Sin embargo, en la mayoría de los seres esta fuerza puede extinguirse demasiado fácilmente. Cuando la fuerza de vida de un hombre se extingue, todo lo corporal desaparece, aunque perdura su alma.

Los hombres somos mortales y por ello nos hacemos estas preguntas:

¿Por qué lo somos?

¿Por qué morir ahora para volver a renacer después?

¿Por qué no hemos sido todos ángeles?

Estas preguntas angustiosas se las hacen quienes consideran la vida como un castigo, como un valle de lágrimas, tal como algunas religiones nos insisten en demostrar.

La Recolección

La leyenda de la Recolección ha pasado de generación en generación, a través de todas las edades y países, y se refiere al paso del hombre por la tierra, a las diferentes reencarnaciones. Todos sentimos en algún momento de nuestras vidas que hemos estado en otra época y lugar diferente y presentimos que, de algún modo, debemos conseguir méritos para ganar algún premio eterno y maravilloso.

Para otros, este premio es una ilusión, una necesidad para no aceptar nuestro destino mortal inexorable, pero en los momentos en que la vida se extingue pocos son los que no demandan ayuda a Dios.

El Premio

Los seres inmortales y el alma de los humanos buscan el Premio prometido o intuido. El concepto de maldad no es diferente entre las personas y todos sabemos que las malas acciones pueden tener consecuencias nefastas para sus ejecutores, ahora y más tarde. Por el contrario, quien cuida de su vida y de su alma, y procura al menos no hacer el mal a los semejantes, presiente en su interior que estos hechos tendrán que tener una recompensa en algún lugar. Es como el buen labriego y el malo, el vago y el trabajador, el ahorrador y el despilfarrador. Lo correcto siempre aporta beneficios a uno mismo.

¿Cuál es el Premio?

No es fácil definirlo en términos mundanos, pues solemos buscar recompensas demasiado terrenales, algo razonable puesto que no tenemos otras referencias. Las religiones nos hablan siempre de ir junto a un dios eterno, a un paraíso, aunque también hay quien nos asegura que el premio consiste en ser nada menos que un dios.

Por otro lado, pudiera ser que la leyenda del Premio

eterno simplemente sea un cuento, y que la otra vida nunca tendrá lugar. Quizá, las personas estamos ¿condenadas? a vivir una corta existencia, y nos hemos buscado un refugio intelectual para no admitir la realidad. No obstante, hay un hecho significativo y es que la idea de otra vida, con o sin cielo incluido, va unida a la existencia del Hombre e incluso existe en civilizaciones que nunca habían tenido contacto con otras. Siempre que un explorador llegaba a un grupo étnico olvidado y recóndito, se encontraba muestras y signos de su adoración a dioses y, con ello, a creencias intensas en la otra vida.

¿Instinto, casualidad o necesidad? Posiblemente sea la primera opción la más válida y creíble.

Preguntas sin respuesta

¿Dónde y cuándo nace ese instinto?

¿Fue en el momento de la concepción? ¿Está inculcado por los padres? ¿Es algo adquirido mediante el estudio o el pensamiento individual? ¿Por qué unas personas estamos seguras de la otra vida y de la inmortalidad? ¿Cuál es la causa para que unas personas abandonen la vida habitual de sus compañeros y familiares y se dediquen exclusivamente a perfeccionar su vida espiritual para alcanzar ese Premio?

¿Por qué el alma es inmortal?

¿Quizá se debe a que Dios no gusta de estar en soledad eterna? ¿Acaso es que tenemos un concepto del tiempo erróneo? ¿Qué hace un alma inmortal?

¿Existen otros seres inmortales, además de los ángeles?

La gente habla de vampiros, espíritus, magos o guerreros inmortales que viven entre los humanos.

¿Qué tipo de personalidad tienen estos inmortales?

La literatura y el cine nos los muestran oscuros, malhumorados y hostiles, y con menos frecuencia radiantes y extrovertidos.

¿Qué hacen, qué prefieren?

Pudiera ser que su ambición sea proporcionar dolor o felicidad a los humanos, vengarse o ayudar. También es posible que intenten igualmente conseguir un Premio eterno. Las cosas que realizan estos seres a través de los años deben hacerles cambiar su postura o deseos iniciales, pues razonablemente tienen que estar sujetos a necesidades similares.

¿Los podemos encontrar buscando individuos raros?

Las personas diferentes siempre nos parecen que no pertenecen a nuestro mundo, pero ello no nos debe llevar a demonizar a quienes no hablan nuestro mismo lenguaje intelectual. Hay que buscarlas, preferentemente, en quienes son poco o nada influenciables por las modas o presiones psicológicas sociales, en sus amuletos o adornos caseros, en su carácter reservado y en quienes prefieren esquivar los problemas a enfrentarse tenazmente a ellos. Esas personas no desnudan su alma a todos aquellos que encuentran, y frecuentemente muestran falsas apariencias.

¿Cómo es la personalidad angélica?

Un ángel suele tener dos arquetipos en su carácter: su naturaleza y su conducta, y la llave para usar estos arquetipos eficazmente marca la diferencia entre ellos. La naturaleza de un ángel es la verdadera personalidad, aunque ella no nos revelará todavía su procedencia celestial. La conducta de un ángel es su carné de identidad terrenal, pero no siempre realiza milagros tal como son descritos en la Biblia, ni efectúa apariciones para dar mensajes trascendentales. Mientras su naturaleza sólo cambiaría en circunstancias excepcionales, su conducta puede ser consistente y mostrarse igual con diferentes personas o circunstancias.

¿Pelean los ángeles?

Se muestra frecuentemente a los ángeles con espadas, de fuego o metal, sin que ello suponga menoscabo de su bondad. El combate es un hecho habitual en la vida de un ángel, pues debe enfrentarse con personas o espíritus malignos con quienes las palabras no bastan. Una ventaja es que resulta imposible que su enemigo pueda esconderse de ellos pues, como sabemos, se materializan instantáneamente en cualquier lugar.

Cuando dos ángeles, maligno y celestial, se enfrentan, nadie sabe las consecuencias de su combate, pero sabemos que en el cielo se han librado anteriormente cruentas batallas.

El bordado de Dios

Esta historia proporciona una gran respuesta a algunas preguntas serias sobre Dios.

«Cuando yo era niño, mi madre bordaba frecuentemente. Yo me sentaba en sus rodillas o jugaba en el suelo. Un día le pregunté qué estaba haciendo y ella me informó que estaba bordando.

Le dije que más bien parecía un enredo que algo bonito.

La clave estaba en que yo miraba desde abajo la parte inferior del bordado y veía igualmente los límites del aro redondo que servía como bastidor y del que asomaba la tela.

Ella detuvo su mano, me miró y yo volví a insistir en ese trabajo tan desarreglado que estaba haciendo.

Me sonrió y mirando hacia abajo dijo suavemente:

"Mi niño, sigue jugando durante algún tiempo y cuando yo termine de bordar te pondré en mi rodilla y te dejaré ver la tela desde mi lado."

La seguí mirando y en lugar de jugar me preguntaba por qué estaba usando hilos oscuros junto con otros de colores y por qué me parecían extraños cuando los miraba.

Pasaron unos minutos y entonces oí la voz de mi madre: "Niño, ven y siéntate en mi rodilla."

Lo hice y me quedé sorprendido y estremecido cuando pude ver el bonito dibujo de una flor.

No podía creerlo, porque por debajo parecía muy desarreglado.

Entonces mi madre me dijo:

"Mi niño, sé que por debajo todo parece desarreglado y embrujado, pero no comprendes que hay un plan muy concreto para que todo salga bien. Este plan lo hacemos todas las personas que bordamos. Este ejemplo te tiene que servir para comprender a Dios. Muchas veces, a través de los años, yo me he comportado como tú. He pre-

guntado a Dios Padre: ¿qué estás haciendo por mi vida?"
Ahora sé que Él me contestaría: "Estoy bordando tu
vida." Quizá le respondería: "Pero a mí me parece un
enredo. No tiene sentido y es feo. Los hilos parecen muy
oscuros y deberían ser todos muy luminosos." Dios
podría responderme: "Mi niña, no debes mirar las cosas
desde abajo. Sé lo que tengo que hacer y está todo pla-
neado y debidamente ordenado. Cuando yo te ponga en
mi rodilla comprenderás todo mi trabajo y lo hermoso
que es".»

Conclusiones de un creyente

Cada persona tiene un ángel custodio o de la guarda,
desde que nace, sea o no creyente. Ese ángel se dedica por
completo a esa persona que tiene a su cargo y:

- Le protege del mal y las tentaciones del demonio.
- Le acompaña en su vida diaria.
- Le ayuda a conseguir sus deseos si se los pide con el
  corazón.
- Le guía a través de divinas inspiraciones para que
  comprenda a Dios.
- Le consuela de sus penas.

Su naturaleza espiritual implica muchos poderes y
posee una perfección en comparación con nosotros, pero:

- Igualmente, no conoce los secretos de Dios.
- No sabe el destino del Hombre.
- Conoce mejor nuestras acciones que los pensamientos.
- No puede predecir el futuro, ni siquiera el suyo.

Aunque se le considera inteligente y poderoso, su sabiduría depende de Dios, lo mismo que sus poderes. En realidad se comporta como un humano muy sagaz y poderoso, como un buen juez y psicólogo.

Lo más importante, para poder contactar con nuestro ángel, es imaginarlo como nuestro mejor amigo. Esta creencia puede parecer ridícula para alguien que solamente cree en la ciencia, pero eso no indica conocimiento sino ignorancia e incredulidad por aquello que no creen.

Cada vez que nos sentimos solos o desgraciados, nos olvidamos que a nuestro lado está nuestro ángel guardián sufriendo por nuestro dolor. Pero aunque esté a nuestro lado los problemas los debemos resolver nosotros y solamente recurrir a él cuando sean insalvables. Incondicional y fiel a nosotros, espera que le pidamos ayuda, que contemos con él y que presintamos su compañía.

Referencias bíblicas

Los textos presuponen la existencia de espíritus malos o demonios que fueron lanzados al infierno, donde ellos no pueden tener ninguna esperanza de redención.

Los ángeles son completamente espirituales o personas incorpóreas (Mateo 11:30), y algunos de ellos adoran a Dios y consiguen su felicidad (Mateo 18:10). Estos seres espirituales comprenden la corte celestial y son denominados universalmente como ángeles, porque llevan a cabo misiones ordenadas por Dios. Para completar estas misiones, frecuentemente adoptan formas corporales, siendo algunas de ellas especialmente significativas, como la Anunciación (Lucas 1:26; 2:9-14).

Como nosotros, los ángeles son los objetos creados por Dios, pero, al contrario que nosotros, ellos son criaturas no corporales, y su respuesta a la creación por Dios no requirió tanto tiempo para reflexionar, crecer y madurar. En cuanto fueron creados y recibieron la gracia, tuvieron la oportunidad de responder a su destino divino.

Quizá la actividad más significativa de los ángeles buenos es la de ser agentes de la providencia que Dios otorga en particular a la Humanidad. Así, la Iglesia enseña que todos tenemos un ángel guardián, basándose en las referencias que de ellos se hace a lo largo de la Biblia.

Poesía de un creyente

Yo me siento aquí en el silencio,
cierro mis ojos y los imagino,
y me maravilla lo que veo en los sueños.
Háganse en la vida realmente,
pues nos imagino a ambos en reunión,
con nuestras sonrisas y nuestros corazones que se unen.

Yo imagino el contacto de nuestras manos
cuando nosotros caminamos bajo los cielos a la
[luz de la Luna,
sabiendo la intensidad de nuestros sentimientos
cuando nos vemos profundamente.
Imagino que nuestros cuerpos están entrelazados,
el amor haciendo uno solo,
con una sonrisa,
pues ello nos produce felicidad.

Yo imagino su bondad,
su caricia mansa,
un escalofrío que llega a mí
y que es suprimido.
Yo imagino su amor,
una reunión de mentes,
un amante, un amigo,
tal para cual.

Imagino un amor tan raro,
perfecto y correcto,
que cuando pienso en ello
en alguien eterno
¡pienso en ti!,
en mi ángel de la Guarda.

Las moradas de los vientos

Existe una leyenda que nos habla de dieciséis vientos principales, en cuyos lugares viven los ángeles, arcángeles, príncipes y dominaciones, todos ellos asistidos a su vez por legiones de ángeles menores. Estos ángeles poseen cualidades y poderes muy diversos, aunque esencialmente llevan mensajes a los humanos y les protegen.

He aquí una relación de ellos:

Pamersiel

Es el señor del viento del este y sus discípulos se comportan en ocasiones con maldad, son traidores a su jefe y le desobedecen con frecuencia. Suelen administrar conjuros a las personas, por lo que es mejor no convocarles nunca.

Camuel

Posee bajo sus órdenes a diez espíritus que se dedican a conducir a los viajeros y a orientarles en su destino, por lo que ha sido considerado un ángel benefactor para los peregrinos.

Padiel

Este ángel cuenta con un ejército muy numeroso, algo más de 200.000 seres, y afortunadamente son buenos y nos ayudan a potenciar nuestras cualidades mentales. La telepatía es una de sus virtudes, aunque tienen dificultad en lograr que los humanos la aprendan.

Gediel

Su viento sopla hacia el sur, en dirección a tierras africanas, y está encargado de la vida nocturna, por lo que mantiene relaciones cordiales con las criaturas de la noche. Suele ser invocado para defender casas y fortalezas.

Barmiel

Cuenta también con otros diez mandatarios que le ayudan en su misión, todos ellos muy poderosos, que controlan la vida en las horas en que luce el sol. Ayudan a los trashumantes y a los nómadas, y a todas aquellas personas que cambian de residencia o casa, logrando que se acoplen inmediatamente.

Asiriel

Está ayudado por veinte entidades importantes que trabajan de día, más otras veinte que lo hacen de noche. Son invocados para la consecución de los inventos y empresas importantes, además de conseguir el apoyo de los mecenas.

Usiel

Es un potente ángel que mueve los vientos del nordeste y que trabaja igualmente todo el día. Nos ayuda a encontrar valiosos tesoros, alimentos o metales, pues conoce el interior de la tierra perfectamente. Su buen humor hace que estas gigantescas empresas se realicen con alegría.

Maseriel

También tiene bajo su mando a multitud de seres que le ayudan en aportar nuevos conocimientos a los humanos, además de sabiduría. Están especialmente especializados en materias filosóficas, en las ciencias y ocasionalmente en la magia. Su presencia es acogida siempre con agrado y nadie que quiera ser un gran maestro en algo puede prescindir de ellos.

Dorothiel

Influye y controla en la correcta ejecución de todo lo referente a contratos, legados y testamentos, además de en lo referente a titulaciones académicas.

Malgaras

Su trabajo se efectúa durante todo el día, pues debe evitar las traiciones y proteger las buenas amistades y relaciones. De noche suele aparecer con aspecto de murciélago y búho, por lo que no hay que despreciar los encuentros con estos animales.

Gabriel

Es el ente adecuado para proteger a los niños, minusválidos y enfermos, por lo que deberemos convocarle cada vez que veamos un niño en apuros o triste.

Raysel

Interviene en las operaciones financieras y en todo lo relacionado con el dinero y su trueque. Su imagen suele presidir los negocios florecientes, así como estar presente en las casas de los corredores de Bolsa y economistas.

Baruchas

Está más cerca del Cielo que los demás y por eso tiene mando sobre muchos otros ángeles poderosos. Interviene en mejorar y potenciar las relaciones entre dueños y sirvientes, entre jefes y empleados, contribuyendo a un mejor entendimiento laboral entre todos.

Amadiel

Es el ángel del amor, del mismo modo que Cupido es el dios. Se le considera el eterno enamorado y su consejo sirve para unir a las parejas más desafortunadas, aunque se enfurece en caso de adulterio o infidelidad.

Symiel

Es el policía celestial, el que interviene controlando y juzgando las malas acciones humanas, por lo que ningún malvado puede escaparse de él. Es amigo de los militares y, en general, de cualquier persona que luzca un uniforme.

El «Libro de los Espíritus» o «Libro de los ángeles malignos»

Se compone de doce volúmenes de libros idénticos. Los libros tienen veinticuatro pulgadas de alto, dieciocho pulgadas de ancho y por lo menos han permanecido ocultos varios siglos. Están conservados gracias a una encuadernación azul oscuro y forrados con piel de reptil. En la tapa del libro y escrita en latín, en oro, figura la palabra Espíritus. Cuando se abren los libros debe efectuarse con cierta fuerza, como si la voluntad del ángel guardián impidiera abrirlo. La lectura real, en latín antiguo, fue impresa igualmente en griego, y por ello se necesitan ciertos conocimientos en paleografía para entenderlos. De cuando en cuando, escondidas dentro de las páginas del libro, hay páginas especiales que hablan de hechizos y poderes que involucran a los ángeles y espíritus.

Dicen que el espíritu guardián también puede ser algo o alguien relacionado con la Muerte, pues algunos grabados se parecen más a un dragón que a un ser humano.

Imagen

El espíritu tomará forma de un esqueleto de dragón, pero del tamaño de un humano. Tiene los ojos color cobalto resplandeciente, y es capaz de encender totalmente la oscuridad cuando los abre. También dispone de un relámpago que sale de su boca, por lo que ese ángel nunca será amistoso.

Otros seres sobrenaturales del Mundo de la Oscuridad

Sibila

En la Roma imperial existían unos libros proféticos que eran guardados en el Templo de Apolo Palatino, en los cuales había toda clase de referencias para evitar la ira de los dioses y los demonios. Estos libros fueron manejados inicialmente por Tarquinio el Soberbio, de la Sibila de Cumas, y pudiera ser considerado como una alternativa al Necronomicón.

El Oráculo de la Casa Hannah

El cráneo de una hembra, blanco e intacto por las ruinas del tiempo, fue excavado por Alaister, como una demostración de su dominio en el reino de los espíritus. Lo sacó de las ruinas del Templo de Delphi y, empleando un ritual mágico, volvió a llamar al espíritu del cráneo.

Los inmortales

Los inmortales del Highlander constituyen una leyenda que encaja perfectamente en el Mundo de la Oscuridad, un mundo donde los seres sobrenaturales caminan entre nosotros sin nuestro conocimiento. Sin embargo, los inmortales son muy diferentes a otras criaturas sobrenaturales, pues no tienen su propia sociedad ni están agrupados.

No tienen ningún papel definido en este mundo, salvo el de sobrevivir, aunque todos forman pequeñas familias que deben renovar periódicamente. Para nosotros pueden ser aliados o enemigos poderosos, por lo que, de existir, le recomendamos no se acerque a ellos; lo mejor es dejarles que sigan su propio destino.

Fantasmas

De entre todas las criaturas inmortales, los fantasmas son probablemente los más raros de todos los seres sobrenaturales (con excepción de las momias), y es razonable asumir que ellos no poseen el conocimiento de su propia inmortalidad. Si evaluamos sus poderes sobrenaturales, nos daremos cuenta de que no pueden actuar a voluntad contra o a favor de los seres humanos, y solamente pueden hacerlo cuando existen circunstancias que lo permiten. Cuando ello es posible poseen un pozo enorme de poder y es difícil frenarles o reducirlos.

Vampiros

Es bastante probable que ellos estén presentes en cualquier ciudad alimentándose de la sangre de los mortales, pues esto les asegura la inmortalidad. Los ángeles, al igual que hacen con los Demonios, les intentarán controlar para que no hagan daño, dejándoles vivir si su maldad no es muy aterradora.

Egocéntricos, fuertes, rápidos y con intensas dotes de mando y persuasión, los vampiros no suelen ser seres especialmente peligrosos, pues su único interés es sobrevivir. Sin embargo, lo mismo que un Demonio puede ser un enemigo poderoso si se encuentra con almas débiles, ellos también pueden serlo cuando son acosados.

Es posible que los vampiros y los Demonios busquen alianzas, pues los dos tienen características similares al ser seres de la noche y poseer el potencial para vivir eternamente. Los dos entienden que viven más que la suma de todos los mortales y eso les gusta, agregando a esto el hecho de que son diferentes y no están sujetos a los mismos condicionantes sociales y familiares.

Magos

Ángeles y Magos no mezclan bien. Esto no es debido a un conflicto directo, sino al hecho de que los Magos desean a menudo adquirir poderes que son exclusivos de los ángeles. Los Magos frecuentemente desconfían de lo que ellos no pueden controlar, y desean conseguir cierta inmunidad e inmortalidad por el mero hecho de tener conocimientos, olvidando que estos atributos los concede Dios directamente.

Los ángeles tienen sus propios aliados y compañeros, no efectúan sus acciones en solitario como los magos, ni tampoco tratan de intimidar e impresionar a las gentes con sus poderes.

Espíritus

Es probable que ángeles y espíritus sean los mismos para las personas, pues con frecuencia su forma de aparecerse es similar y rápida. Ambos comunican sus mensajes con rapidez, tienen apariencia etérea y blanca, además de ser capaces de desplazarse sin tocar el suelo o hacer ruido. La diferencia está en su procedencia, pues mientras que los ángeles provienen y habitan en el Cielo, los espíritus son mundanos, seres que antes ocuparon un cuerpo terrenal y que ahora vagan en espera de su nuevo destino.

La Inquisición

La Inquisición habrá encontrado con frecuencia manifestaciones demoníacas y probablemente presencias angélicas. Su mayor error es que ha confundido unos con otros y ha metido en prisión o quemado en la hoguera a personas que manifestaban haber visto ángeles, aunque durante los interrogatorios incruentos han sido considerados como Demonios.

Hoy sabemos que es más fácil contactar con los ángeles que con el Diablo, pues éste viene sin que nadie le llame. Anteriormente, y posiblemente ahora, cualquier ceremonia mística para convocar a los seres del más allá, fantasmas, espíritus, demonios o ángeles, era considerada unilateralmente como una llamada a Satanás, con las consecuencias que los inquisidores le daban. El castigo era terrible para tal herejía, ya lo sabemos, pues el acusado era siempre culpable y reo de castigos graves.

Palabras sabias

Se tardan años en construir la confianza
y solamente un segundo en destruirla.

*Lo importante no es lo que tenemos en la vida
sino a quién tenemos en la vida.*

*En un minuto podemos hacer algo que nos dará un dolor
[de cabeza para siempre,
pero curarnos llevará mucho tiempo.*

*No existe nunca una versión exacta de los hechos,
pues siempre hay dos caras en una moneda.*

*Aproveche los momentos en que recibe palabras y gestos
[de amor,
posiblemente sea la última vez que los disfrute.*

*Nosotros somos los únicos responsables de nuestros actos,
no importa las justificaciones que tengamos.*

*Hay personas que nos aman profundamente,
pero no saben demostrarlo.*

*El verdadero amor, la verdadera amistad continúa
[creciendo,
no importa las circunstancias o la distancia.*

*Entienda que porque alguien no nos ame del modo en que
[deseamos
no significa que no nos ame en absoluto.*

*La madurez tiene más que ver con el tipo de experiencias
[que hemos tenido
que con aquello que hemos aprendido o los cumpleaños
[que hemos celebrado.*

No importa cuán bueno es un amigo,
pues también nos hará daño de cuando en cuando y debe-
[mos perdonarle.

Sepa que no importa cómo tenga destrozado su corazón,
pues el mundo no se detiene con su pesar.

Aprenda que no solamente porque dos personas se pelean,
significa que ellos no se aman.

Del mismo modo, las personas que no se pelean
no significa que se aman.

No tenemos que cambiar a los amigos,
pues lo mejor es cambiar de amigos.

No tengamos interés en averiguar los secretos de la vida
[y personas,
pues corremos el peligro de cambiar nuestra vida para
[siempre.

No importa cuántos amigos tengamos,
ni que seamos importantes para ellos ahora,
pues llegará un tiempo en que nos sentiremos solos
[cuando más los necesitemos.

Tenga en cuenta que la mayoría de las personas que usted
[cuida en la vida se marcharán,
a otra casa o a otro mundo.

Decir «te amo» es sencillo y puede tener muchos signifi-
[cados diferentes,
pero pierde valor cuando se usa demasiado.

*El amor no se consigue esperando a la persona ideal,
pues pasará por nuestro lado fugazmente.*

*Cuando tengo muchos dolores juntos
solamente percibo uno de ellos.*

*Se dice que el dinero puede conseguir todo,
pero usted no puede.*

*Podemos comprar comida, pero no el apetito;
medicinas, pero no la salud;
conocimientos, pero no sabiduría;
cosméticos, pero no belleza;
diversión, pero no alegría;
conocidos, pero no amigos;
sirvientes, pero no fidelidad;
ocio, pero no paz.*

ÍNDICE